Homélies sur les gloires de la Vierge Mère

BERNARD DE CLAIRVAUX

Traduction par
L'ABBÉ CHARPENTIER

ALICIA EDITIONS

TABLE DES MATIÈRES

Avertissement	5
PRÉFACE.	7
PREMIÈRE HOMÉLIE.	9
SECONDE HOMÉLIE.	22
TROISIÈME HOMÉLIE.	49
QUATRIÈME HOMÉLIE.	67

AVERTISSEMENT

Les quatre homélies suivantes sont un des premiers ouvrages de saint Bernard. Bien qu'elles soient appelées les homélies sur le *Missus est*, cependant dans la pensée de leur auteur, c'est-à-dire de saint Bernard même, elles devraient avoir pour titre : *Homélies sur les gloires de la Vierge Marie*. En effet, dans la préface suivante et dans sa lettre dix-huitième, à Pierre, cardinal diacre, il s'exprimé en ces termes : « J'ai composé, dit-il, quatre homélies *sur les gloires de la Vierge Mère* ; tel est leur titre, etc. » Dans sa lettre quatre-vingt-neuvième à Oger, il dit : « Je vous envoie un autre petit ouvrage que je viens de terminer sur les *gloires de la Vierge Mère*. » On peut consulter au sujet de ces homélies le traité de saint Bernard ou sa lettre soixante-dix-septième à Hugues, chap. V, tom. II, où il explique et justifie une pensée qu'il a émise dans la première de ces homélies.

HOMÉLIES AU NOMBRE DE QUATRE SUR CES PAROLES DE L'ÉVANGILE :
MISSUS EST ANGELUS GABRIEL

PRÉFACE.

Je voudrais écrire quelque chose, mais mes occupations y mettent obstacle. Néanmoins, comme le mauvais état de ma santé ne me permet pas en ce moment de me réunir à mes frères, je veux mettre à profit le peu de loisirs qu'il m'est possible de me procurer en prenant un peu sur mes nuits. Je vais donc essayer, comme j'en éprouve depuis longtemps le désir, d'écrire quelque chose sur les gloires de LA VIERGE MÈRE, à l'occasion du passage de l'Évangile où saint Luc nous rapporte l'histoire de l'Annonciation de Notre Seigneur. Bien que je ne sois point porté à entreprendre cet ouvrage par la pensée que mes frères, dont je dois avoir les progrès à cœur, en aient besoin ou puissent en tirer quelque avantage, pourtant puisque je puis m'y livrer, et, par ce moyen, me préparer même à pouvoir satisfaire d'une manière moins imparfaite à leurs besoins, je ne crois pas faire quelque chose qui leur déplaise si je cède à mon propre attrait.

Bernard de Clairvaux
1090 - 1153

PREMIÈRE HOMÉLIE.

« L'ANGE GABRIEL FUT ENVOYÉ DE DIEU EN UNE VILLE DE GALILÉE APPELÉE NAZARETH, À UNE VIERGE QUI AVAIT ÉPOUSÉ UN HOMME NOMINÉ JOSEPH, ET CETTE VIERGE S'APPELAIT MARIE. »

Dans quelle pensée l'Évangéliste a-t-il affecté d'entrer, en cet endroit, dans un tel détail de noms propres ? Sans doute, c'est parce qu'il veut que nous prêtions à son récit une attention égale au soin qu'il apporte lui-même à le faire. En effet, il nous fait connaître, par leurs propres noms, le messager qui est envoyé, le Seigneur qui l'envoie, la Vierge à qui il est envoyé et le fiancé de cette vierge, dont il va jusqu'à nous dire la famille, la ville et le pays. Pourquoi cela ? A-t-il agi ainsi sans motif ? Gardons-nous de le croire. Car s'il est vrai qu'il ne tombe pas une feuille d'un arbre, pas un passereau du ciel sans la permission de notre Père qui est dans les Cieux (*Matth.*, X) ; je ne puis croire qu'il soit tombé une seule parole inutile de la bouche d'un évangéliste, surtout dans le récit de la sainte histoire du Verbe. Non, je ne puis le croire. Tous ces détails sont remplis de mystères divins et débordent d'une céleste douceur, s'ils trouvent un auditeur diligent qui sache sucer le miel qui coule du rocher, et goûter l'huile excellente qu'on recueille dans les endroits pierreux. En effet, la douceur du miel dégoûta des montagnes et le lait ruissela des collines (*Joel*, III, 18), le jour où les Cieux laissant tomber leur rosée et les nuées faisant descendre le Juste comme une pluie bienfaisante, la terre ouvrit joyeusement son sein et germa son Sauveur (*Isa.*, XLV, 8), alors que le Seigneur répandit sa bénédiction sur nous et que notre terre porta son fruit (*Psalm.*, LXXXV, 13), que la miséricorde et la vérité se rencontrèrent sur une montagne grasse et fertile, et que la justice et la paix se sont donné un baiser (*Psalm.*, LXXXIV, 11). À la même époque, de l'un de ces monts fameux entre tous, (je veux parler de notre saint Évangéliste,) en même temps que dans un récit doux comme le miel, il nous raconte le commencement tant désiré de notre salut, comme au souffle du vent du midi, et sous les rayons directs du Soleil de justice, se sont élevées vers nous des senteurs spirituelles. Que Dieu maintenant envoie son Verbe pour les faire fondre devant nous ; qu'il fasse souffler son esprit, pour nous faire comprendre le sens des paroles évangéliques et pour les rendre à nos cœurs plus désirables que l'or et que les pierres précieuses, plus douces que le miel dans ses rayons.

2. Il dit donc : « L'ange Gabriel fut envoyé de Dieu. » Je ne pense pas qu'il soit ici question d'un de ces anges de moindre dignité qui viennent souvent sur la terre y remplir des missions ordinaires ; en ef-

fet, ce n'est pas ce que signifie son nom, qui veut dire la force de Dieu, d'ailleurs il ne vient pas, comme c'est l'habitude, sur l'ordre d'un esprit plus grand que lui, mais il est envoyé de Dieu même. Voilà, sans doute, pourquoi il est dit qu'il fut envoyé « de Dieu ; » mais l'Évangéliste se sert peut-être aussi de ces paroles « envoyé de Dieu, » pour que nous ne croyions pas que Dieu, avant de communiquer son dessein à la Vierge, en fit part à d'autre esprit bienheureux que l'archange Gabriel qui fut seul trouvé digne parmi le reste des anges d'une telle grandeur, du nom qu'il a reçu et de la mission qui lui fut confiée. D'ailleurs, le nom qu'il a n'est point sans rapport avec le message dont il est chargé. En effet, à quel ange convenait-il mieux d'annoncer la venue du Christ qui est la vertu de Dieu, qu'à celui qui a l'honneur de s'appeler la force de Dieu ? Car qu'est-ce que la force, sinon la vertu. Mais n'allez pas croire qu'il n'était ni bien, ni convenable que le maître et l'envoyé portassent le même nom, car s'ils s'appellent de même, ce n'est pas pour la même raison. En effet, si le Christ et l'ange Gabriel sont également nommés la force ou la vertu de Dieu, c'est en un sens bien différent l'un de l'autre. En effet, ce n'est que nuncupativement que l'Ange est appelé la force de Dieu, tandis que c'est substantivement que le Christ est nommé « la vertu de Dieu (*I Corinth.*, I, 24), » il l'est effectivement ; car c'est lui que désigne ce plus fort armé de l'Évangile qui survient et qui, de son bras puissant, terrasse le premier fort armé qui, jusque-là, avait gardé sa maison en paix, et lui enlève ainsi toutes les richesses qu'il y avait amassées.

Quant à l'Ange, s'il est appelé la force de Dieu c'est, ou parce qu'il a pour office d'annoncer la venue de cette force elle-même, ou bien parce qu'il devait rassurer une vierge naturellement timide, simple et pudique, que la nouvelle du miracle qui devait s'accomplir par elle allait troubler. En effet, il lui dit : « Ne craignez rien, ô Marie, car vous avez trouvé grâce auprès de Dieu. » Il y a même lieu de croire qu'il eut aussi à donner des forces et du courage au fiancé de cette vierge, homme d'une conscience humble et timorée, quoique notre Évangéliste ne le dise point alors. En effet, c'est lui qui lui dit : « Joseph, fils de David, ne crains pas de prendre Marie pour épouse. » C'est donc un choix plein d'à-propos qui désigna Gabriel pour l'œuvre qu'il eut à remplir, ou plutôt c'est parce qu'il l'eut à remplir qu'il fut appelé Gabriel.

3. Ainsi, l'ange Gabriel fut envoyé de Dieu. Mais où fut-il envoyé ? « Dans une ville de Galilée appelée Nazareth (*Luc,* I, 26.) » Voyons, comme dit Nathanaël « S'il peut sortir quelque chose de bon de Nazareth » (*Joan.*, 1, 45). Nazareth veut dire fleur. Il me semble qu'on peut retrouver comme les germes de la pensée de Dieu, tombés en quelque sorte du ciel sur la terre, dans les paroles adressées d'en haut aux patriarches Abraham, Issac et Jacob et dans les promesses qui leur furent faites ; c'est, en effet, de ces germes précieux qu'il est écrit : « Si le Seigneur, Dieu des armées ne nous avait point laissé un germe, nous serions comme Sodome, et nous ressemblerions à Gomorrhe (*Isa*, I, 9). » Or ce germe a fleuri dans les merveilles qui ont paru quand Israël est sorti

d'Égypte, dans les figures et les emblèmes de son voyage à travers le désert, plus tard dans les visions et les prédications des prophètes, et dans l'établissement du royaume et du sacerdoce jusqu'au Christ qu'on peut à bon droit regarder comme le fruit de ce germe et de ces fleurs, selon cette parole de David : « Le Seigneur répandra sa bénédiction sur nous et notre terre portera son fruit (*Psalm.*, LXXXIV, 13), » et cette autre : « J'établirai sur votre trône le fruit de votre ventre (*Psalm.*, CXXXI, 11). » Le Christ doit donc naître à Nazareth, selon la parole de l'Ange, parce qu'à la fleur on espère voir succéder le fruit : mais quand le fruit grossit la fleur tombe ; ainsi lorsque la vérité apparaît dans la chair, les figures passent : voilà pourquoi à Nazareth se trouve ajouté le mot Galilée, c'est-à-dire émigration. En effet, à la naissance du Christ, tout ce dont j'ai parlé plus haut et dont l'Apôtre disait : « Toutes ces choses leur arrivaient en figures (*I Corinth.*, X, 11), » était passé. Et nous qui maintenant jouissons du fruit, nous voyons bien que la fleur a en effet passé et il était prévu qu'elle passerait un jour, alors même qu'elle était pleinement épanouie, c'est ce qui faisait dire à David : « Elle est au matin, comme l'herbe qui doit passer, elle s'épanouit le matin et passe durant la journée, le soir elle se flétrit, tombe et se dessèche (*Psalm.*, LXXXIX, 6.) » Or par le soir, il faut entendre la plénitude des temps, alors que Dieu envoya son Fils unique formé d'une femme et assujetti à la loi, en disant : « Voici que je fais des choses nouvelles (*Apoc.*, XXI, 5). » Les choses anciennes ont passé et disparu, de même que les fleurs tombent et se dessèchent quand le fruit commence à prendre de l'accroissement. Aussi est-il dit dans un autre endroit : « L'herbe se dessèche et la fleur tombe ; mais la vertu de Dieu demeure éternellement (*Isa.*, XL, 8.) » Je crois qu'on ne peut douter que le fruit soit ce Verbe de Dieu ; car le Verbe est le Christ même.

4. Ainsi le bon fruit c'est le Christ qui demeure éternellement : mais où est l'herbe qui se dessèche, où est la fleur qui tombe ? Le Prophète va nous répondre : « Toute chair n'est que de l'herbe et toute sa gloire est comme la fleur des champs (*Isa.*, XL, 6).» Si toute chair n'est que de l'herbe, il s'ensuit que le peuple charnel des Juifs a dû se dessécher comme la fleur des champs. N'en est-il pas en effet ainsi ? N'est-il pas privé de toute la graisse de l'esprit, maintenant qu'il s'en tient à la sécheresse de la lettre ? Et sa fleur n'est-elle point tombée, quand a disparu la gloire qu'il trouvait dans sa Loi ? Si elle n'est point tombée où donc sont ce royaume, ce sacerdoce, ces prophètes, ce temple et toutes ces merveilles enfin dont il aimait à se glorifier en disant : «Quelles grandes choses nous avons entendues et connues et que nos Pères nous ont racontées (*Psalm.*, LXXVII, 3) ? » Et ailleurs : « Quelles merveilles n'a-t-il point ordonné à nos Pères de faire connaître à leurs enfants (*Ibidem*, 7) ? » Telles sont les réflexions que me suggèrent ces paroles : « À Nazareth, ville de Galilée. »

5. C'est donc dans la ville de Nazareth que l'ange Gabriel fut envoyé de Dieu, mais à qui fut-il envoyé ? « À une Vierge qui avait été fiancée à un homme nommé Joseph. » Quelle est cette Vierge si vénérable

qu'elle mérite d'être saluée par un ange ? et si humble qu'elle ait un artisan pour époux ? Quelle belle alliance que celle de l'humilité avec la virginité. L'âme, où l'humilité fait valoir la virginité et dans laquelle la virginité jette un nouveau lustre sur l'humilité, plaît singulièrement à Dieu. Mais de quels respects ne vous semblera point digne celle en qui la fécondité exalte l'humilité, et la maternité consacre la virginité ? Vous l'entendez, une vierge et une vierge humble ; si donc vous ne pouvez imiter la virginité de cette humble vierge, imitez du moins son humilité. Sa virginité est digne de toutes louanges, mais l'humilité est bien plus nécessaire que la virginité ; si l'une est conseillée, l'autre est prescrite, et si on vous invite à garder l'une, on vous fait un devoir de pratiquer l'autre. En parlant de la virginité, il est dit seulement : « Que ceux qui peuvent y atteindre, y atteignent (*Matth.*, XIX, 12). » Mais pour ce qui est de l'humilité, voici en quels termes il en est parlé : « Si vous ne devenez comme de petits enfants, vous n'entrerez point dans le royaume des cieux (*Matth.*, XVIII, 3). » Ainsi l'une est l'objet d'une récompense et l'autre d'un précepte. On peut se sauver sans la virginité, on ne le saurait sans l'humilité. En un mot l'humilité qui gémit sur la perte de la virginité peut plaire encore à Dieu, mais sans l'humilité le dirai-je ? la virginité même de Marie ne lui eût point été agréable. En effet, « sur qui jetterai-je les yeux, dit-il, sur qui mon esprit aimera-t-il à se reposer, sinon, sur l'homme humble et pacifique, (*Isa.*, *ult.*, 2) ? Sur l'homme humble, » dit-il, non pas sur celui qui est demeuré vierge ; si donc Marie n'était point humble, le Saint-Esprit ne serait pas venu reposer sur elle. Or, s'il ne s'était point reposé sur elle, il ne l'aurait point rendue mère. Comment en effet aurait-elle pu concevoir de lui sans lui. Il est donc bien évident qu'elle n'a conçu du Saint-Esprit, comme elle le dit elle-même, que parce que « Dieu a regardé favorablement l'humilité de sa servante (*Luc.*, I, 48), » plutôt que sa virginité. Elle lui plut sans doute parce qu'elle était vierge, mais elle ne conçut que parce qu'elle était humble, d'où je conclus sans hésiter que c'est à son humilité que sa virginité dut de plaire à Dieu.

6. Que dites-vous, vierge orgueilleuse ? Marie oublie sa virginité pour ne se glorifier que de son humilité, et vous, vous ne songez qu'à vous glorifier de votre virginité sans penser à l'humilité. « Le Seigneur, dit-elle, a regardé l'humilité de sa servante. » Qui est-ce qui parle ainsi ? C'est une vierge sainte, sobre et dévote. Seriez-vous plus chaste et plus dévote qu'elle ne le fut ? Ou bien pensez-vous que votre pureté est plus agréable à Dieu que ne le fut la chasteté de Marie, pour croire que vous pourrez par elle plaire à Dieu sans être humble, quand Marie ne le put point, toute pure qu'elle était. D'ailleurs, plus vous vous élevez haut par le don singulier de la chasteté, plus vous vous faites de tort en la souillant dans votre âme par le mélange de l'orgueil. Après tout, mieux vaudrait pour vous que vous n'eussiez point conservé la virginité que d'être vierge et de vous en enorgueillir. Certainement il n'est pas donné à tout le monde d'être vierge, mais il l'est encore à bien moins de personnes d'être vierges et humbles

en même temps. Si donc vous ne vous sentez point capable d'imiter la sainte Vierge dans sa chasteté, imitez-là du moins dans son humilité, et il suffit. Mais si vous êtes en même temps vierge et humble, qui que vous soyez, vous êtes vraiment grand.

7. Mais il y a encore en Marie quelque chose de plus admirable, c'est la fécondité unie à la virginité. En effet, jamais, depuis que le monde est monde, on n'a entendu parler d'une vierge mère. Mais que sera-ce si vous faites attention à celui dont elle est la mère ? À quel degré alors ne s'élèvera pas votre admiration ? Ne vous semble-t-il pas même qu'elle ne saurait jamais être assez grande ? Est-ce que, à votre avis, ou plutôt au jugement même de Dieu, la femme qui a eu Dieu même pour fils n'est point placée plus haut que les chœurs mêmes des anges ? Or est-ce que ce n'est point Marie qui appelle sans hésiter le Seigneur et le Dieu des anges son fils, quand elle lui dit : « Mon fils, pourquoi en avez-vous agi ainsi avec nous (*Luc*, II, 48) ? » Est-il un ange qui pût tenir ce langage ? C'est déjà beaucoup pour eux et ils s'estiment bien heureux, étant des esprits par nature, d'avoir été faits et appelés anges, par un effet de la grâce de Dieu, selon ce que dit David : « Il a fait des esprits ses anges (*Psalm*. CIII, 4). » Marie, au contraire, se sentant mère, appelle avec confiance du nom de fils celui dont ils servent la majesté avec respect. Et Dieu ne répugne point. à s'entendre appeler par le nom de ce qu'il a daigné être, car un peu plus loin, l'Évangéliste fait remarquer que « il leur était soumis (*Luc*., II, 31). » Il ; qui, il ? et à eux ; à qui, à eux ? Un Dieu soumis à des hommes, un Dieu, dis-je,

à qui les anges mêmes sont soumis, les Principautés et les Puissances obéissent, soumis lui-même à Marie, non-seulement à Marie, mais aussi à Joseph à cause de Marie. De quelque côté que vous vous tourniez, vous avez également de quoi être frappé d'admiration ; le seul embarras est de savoir ce qui mérite le plus que vous l'admiriez, de l'aimable condescendance du fils ou du suprême honneur de la mère. Des deux côtés, même motif de vous étonner, même merveille à admirer ; d'un côté, qu'un Dieu soit soumis à une femme, c'est un exemple d'humilité sans précédent, et de l'autre, qu'une femme commande à un Dieu, c'est un honneur que nulle autre ne partage avec elle. Quand on chante les louanges des vierges, on dit qu'elles suivent l'Agneau partout où il va (*Apoc.*, XIV, 4). Quelle n'est donc pas la gloire de celle qui même le précède ?

8. Ô homme, apprends à obéir, terre et poussière apprends à plier et à te soumettre. En parlant de ton Créateur, l'Évangéliste dit : « Et il leur était soumis, » c'est-à-dire à Marie et à Joseph. Rougis donc, ô cendre orgueilleuse ! Un Dieu s'abaisse et toi tu t'élèves ! Un Dieu se soumet aux hommes, et toi, non content de dominer tes semblables, tu vas jusqu'à te préférer à ton Créateur ? Ah ! Pussé-je, si jamais je suis dans ces dispositions, avoir la grâce que Dieu lui-même me dise comme il le fit un jour, mais sur le ton du reproche, à son Apôtre : « Retirez-vous de moi, Satan, car vous ne goûtez point les choses de Dieu (*Matth.*, XVI, 23.) » En effet, toutes les fois que j'ambitionne de commander aux hommes, je veux m'élever au dessus de Dieu même, et il est vrai de

dire alors que je ne goûte point les choses de Dieu, car c'est de lui qu'il est dit : « Et il leur était soumis. » Ô homme, si tu ne trouves pas qu'il soit digne de toi de prendre modèle sur un de tes semblables, certainement il l'est de marcher du moins sur les pas de ton Créateur. Si tu ne peux le suivre partout où il va, daigne au moins le suivre partout où il condescend à ta bassesse. C'est-à-dire si tu ne peux t'engager dans les sentiers élevés de la virginité, suis au moins Dieu dans les voies parfaitement sûres de l'humilité, dont les vierges mêmes ne peuvent s'écarter, à vrai dire, et continue de suivre l'Agneau partout où il va. Sans doute, celui qui a perdu son innocence, s'il est humble ; l'orgueilleux s'il a conservé sa pureté, suivent l'Agneau ; mais ils ne le suivent point partout où il va. En effet, le premier ne peut s'élever à la pureté de l'Agneau sans tache, et le second ne saurait descendre à la douceur de Celui qui a gardé le silence, non-seulement devant celui qui le dépouillait de sa toison, mais même sous la main de celui qui le mettait à mort. Toutefois, le pécheur a pris, pour marcher sur ses pas, en suivant les sentiers de l'humilité, un chemin plus sûr que l'homme qui, dans sa virginité, suit les voies de l'orgueil, car l'humilité de l'un le purifiera de ses souillures, tandis que l'orgueil de l'autre ne peut manquer de souiller sa pureté.

9. Mais heureuse est Marie, à qui ni l'humilité ni la virginité n'ont fait défaut. Et quelle virginité que celle que la fécondité a rendue plus éclatante au lieu de la flétrir. De même quelle incomparable fécondité que celle que la virginité et l'humilité accom-

pagnent. Y a-t-il là quelque chose qui ne soit point admirable ?[1] Qui ne soit point incomparable ? Qui ne soit point unique ? Je serais bien surpris si vous n'étiez embarrassé pour décider en y réfléchissant lequel des deux est le plus étonnant de voir une vierge féconde ou une mère demeurant vierge ; et ce qu'on doit plus admirer de cette sublime fécondité ou de cette humilité dans une telle élévation ; ou plutôt si vous ne préfériez sans hésiter toutes ces choses réunies, à chacune d'elles en particulier, et si vous ne regardiez comme incomparablement meilleur et préférable de les posséder toutes, que de ne posséder que l'une ou l'autre d'elles. Après tout je serais bien surpris si le Dieu que les saintes Lettres nous montrent et que nous voyons nous-mêmes admirable dans ses saints (*Psalm.*, LXVII, 36), ne s'était pas surpassé dans sa mère. Ô vous qui êtes mariés, respectez la pureté dans une chair corruptible ; mais vous, ô vierges sacrées, admirez la fécondité dans une Vierge : enfin nous tous ô hommes admirons l'humilité de la Mère de Dieu. Anges saints, honorez la Mère de votre Roi, vous qui adorez le Fils de notre Vierge, qui est en même temps notre roi et le vôtre, le réparateur de notre race et l'architecte de votre cité. À ce Dieu si humble parmi nous si grand au milieu de vous, rendons également les uns et les autres les hommages qui lui sont dus. Honneur et gloire soient rendus à sa grandeur, dans les siècles des siècles. Ainsi soit-il.

---

1. À partir de ces mots, la fin de cette homélie et le commencement de la suivante jusqu'à ces mots : *His nimirum*, n.2, manquent dans la plupart des anciens manuscrits, où les deux premières homélies se trouvent réunies en une seule, en sorte qu'on ne compte dans ces manuscrits que trois homélies sur le *Missus Est*.

SECONDE HOMÉLIE.
SUR LES GLOIRES DE LA VIERGE MÈRE.

P ersonne ne doute que la reine des vierges ne chante un jour avec les autres vierges, ou plutôt la première entre toutes les vierges le cantique nouveau qu'il ne sera donné qu'aux vierges de faire entendre dans le royaume de Dieu. Mais je me figure que, non contente de chanter ce cantique qui ne sera chanté que par les vierges, mais qui lui sera commun avec toutes les vierges, comme je l'ai dit, elle réjouira la cité de Dieu par un chant plus doux encore et plus beau que celui-là ; par un chant dont nulle vierge ne sera trouvée digne de faire entendre et de moduler la douce mélodie, parce qu'il n'appartiendra qu'à celle que rehausse seule la gloire de la maternité, et d'une maternité divine, de le chanter. Mais si elle se glorifie de son enfantement, ce n'est point en elle, mais en Celui qu'elle a enfanté. En effet Dieu, car c'est un Dieu qu'elle a mis au monde, Dieu dis-je ne peut manquer de combler d'une gloire unique dans les Cieux, celle qui est sa Mère et qu'il a prévenue sur la terre d'une grâce unique par laquelle s'accomplit en elle l'ineffable merveille d'une conception virginale et d'un enfantement qui laisse la vierge intacte. D'ailleurs la seule naissance qui convenait à un Dieu, c'était de naître d'une vierge, et le seul enfantement qui convenait à une vierge était celui d'un Dieu. Aussi le Créateur des hommes voulant se faire homme et naître de l'homme dut choisir sa mère entre tous les hommes, ou plutôt dut la faire lui-même telle qu'il convenait qu'elle fût et qu'elle devait être pour lui plaire. Il voulut donc que celle qui devait donner le jour à un fils sans souillures, et qui venait pour effacer toutes les souillures, fût vierge et que celle qui allait mettre au monde celui qui devait être doux et humble de cœur fût humble elle-même, car il voulait montrer en sa personne un modèle aussi salutaire que nécessaire à tous les hommes de ces deux vertus. Il a donc donné la fécondité à la Vierge à qui il avait commencé par inspirer le vœu de virginité, et par donner le mérite de l'humilité. Ce qui le prouve c'est que l'Ange, dans les paroles suivantes la proclame pleine de grâce, ce qu'il n'aurait pu faire si elle eut eu quelque bien si petit qu'il fût qu'elle n'eût pas tenu de la grâce.

2. Afin donc que celle qui devait concevoir le Saint des saints et lui donner le jour, fût sainte de corps, elle reçut le don de la virginité, et, pour qu'elle le fût d'esprit, elle reçut celui de l'humilité. Parée des précieux joyaux de ces deux vertus, brillant d'un double éclat dans son corps et dans son âme, comme

jusque dans les Cieux pour son aspect et sa beauté, la royale Vierge attira sur elle les regards des citoyens du ciel, inspira même an cœur du Roi des Cieux, le désir de la posséder, et mérita qu'il lui envoyât d'en haut un céleste messager. C'est en effet ce que nous apprend notre Évangéliste, quand il nous dit qu'un ange fut envoyé de Dieu à une vierge : « De Dieu, dit-il, à un vierge, » c'est-à-dire du ciel à une humble femme, du Seigneur à une servante, du Créateur à une créature. Ô quelle insigne faveur de la part de Dieu, mais combien excellente aussi est cette vierge ! Accourez, vous qui êtes mères, jeunes filles, accourez aussi ; accourez toutes, vous qui, après Ève et à cause d'Ève, êtes enfantées et enfantez vous-mêmes dans la douleur. Venez à ce lit virginal, entrez si vous le pouvez, dans la chambre pudique de votre sœur. Voici, en effet, que Dieu envoie à une vierge, à Marie, un messager, un ange qui lui adresse la parole. Approchez l'oreille de la muraille, écoutez ce qu'il lui dit peut-être les paroles que vous entendrez vous consoleront-elles.

3. Et toi, Adam, ô notre père, réjouis-toi ; livre-toi aussi à l'allégresse, ô Ève, notre mère ; vous qui ne nous avez pas moins donné la mort à tous, que vous ne nous avez donné la vie ; que dis-je ? Vous qui nous avez voués à la mort avant même que vous nous eussiez mis au monde. Consolez-vous maintenant, l'un et l'autre, consolez-vous, dis-je en cette fille, puisque c'est une telle fille pour vous. Mais console-toi la première, toi d'abord, qui a été la source de tout le mal et dont l'opprobre est retombé ensuite sur toutes les femmes. Nous touchons à l'époque où cet

antique opprobre va disparaître, au temps où l'homme n'aura plus rien à reprocher à la femme, l'homme, dis-je, qui n'a point hésité à t'accuser, en cherchant pour lui-même une mauvaise excuse, qui eut l'imprudence et la cruauté de dire : « La femme, que vous m'avez donnée, m'a présenté du fruit de l'arbre et j'en ai mangé (*Gen.*, III, 12). » Aussi viens vite maintenant à Marie, ô Ève ; ô mère, cours vers ta fille, elle répondra pour sa mère, elle effacera son opprobre et donnera pour elle à son père une juste satisfaction. En effet, si c'est par une femme que l'homme est tombé, ce n'est que par une femme aussi qu'il est relevé. Qu'avais-tu donc à dire ô Adam : « La femme que vous m'avez donnée m'a présenté du fruit de l'arbre et j'en ai mangé ? » Ce sont là de méchantes paroles ; elles ajoutent à ta faute, loin de la diminuer. Mais la sagesse a vaincu la malice, quand elle a trouvé, dans les inépuisables trésors de sa bonté, cette occasion de pardon que Dieu voulait par sa question, te donner le moyen de lui fournir, et qu'il te donna en vain. Voilà une femme qui prend la place d'une autre femme ; mais l'une est sage et l'autre était insensée, l'une est humble et l'autre était orgueilleuse ; aussi au lieu de t'offrir, ô Adam, du fruit de l'arbre de mort, elle te donne à goûter du fruit de l'arbre de vie, et à la place de l'amertume d'une nourriture empoisonnée, elle produit pour toi un fruit éternel d'une grande douceur. Change donc tes injustes accusations en paroles d'action de grâces, et écrie-toi : Seigneur, la femme, que vous m'avez donnée, m'a présenté du fruit de l'arbre de vie et j'en ai mangé, je l'ai trouvé plus doux que le miel à mon palais, parce que dans ce fruit vous m'avez donné la vie. Voilà en effet, pourquoi l'Ange a été envoyé à une vierge. Ô Vierge admirable et vraiment digne de tout honneur ! Ô femme singulièrement respectable, admirable par-dessus toutes les autres femmes, vous réparez le mal qu'ont fait nos aïeux et vous rendez la vie à tous leurs descendants.

4. « Un ange, dit l'Évangéliste, a donc été envoyé à une vierge ; » vierge de corps, vierge d'esprit, vierge de profession, vierge en un mot, telle que celle dont parle l'Apôtre, quand il dit : Elle est sainte de corps et d'esprit. Mais ce n'est pas à une vierge qu'on vient de trouver à l'instant et par hasard, elle a été choisie au contraire depuis le commencement des siècles, elle était connue longtemps d'avance par le Très-Haut qui l'avait préparée pour lui, elle était gardée par les anges, signalée par les patriarches et promise par les prophètes. Parcourez les Écritures et vous acquerrez la preuve de ce que j'avance. Voulez-vous que je vous cite ici quelques témoignages puisés à ces sources ? Pour n'en rapporter que quelques-uns entre mille, de qui vous semble-t-il que Dieu parlait, si ce n'est d'elle, quand il disait au serpent : « J'établirai des inimitiés entre toi et la femme (*Gen.*, III, 13) ? » Si vous hésitez encore à croire qu'il soit question là de Marie, écoutez la suite : « Elle t'écrasera la tête (*Ibidem*). » Or à qui pareille victoire fut-elle réservée, sinon à Marie ? Oui, c'est elle évidemment qui a broyé sa tête venimeuse, quand elle a réduit à néant toutes les suggestions du malin esprit qui prenaient leur source

dans les appétits de la chair et dans l'orgueil de l'esprit.

5. Était-ce d'une autre que de Marie que Salomon voulait parler quand il disait : « Qui trouvera la femme forte (*Prov.*, XXXI, 10) ? » Certainement, ce sage connaissait la faiblesse de la femme et savait combien fragile est son corps, combien faible son cœur ; mais pourtant comme il avait lu que Dieu avait promis, ce qui d'ailleurs lui semblait à lui-même parfaitement juste, que celui qui avait vaincu par le moyen de la femme serait vaincu de la même manière, il ne put retenir ce cri d'admiration : « Qui est-ce qui trouvera la femme forte ? » C'est comme s'il avait dit : Puisque notre salut à tous est entre les mains d'une femme, puisque d'elle dépend le rétablissement de notre innocence et la défaite de notre ennemi, évidemment il faut que ce soit une femme forte pour qu'elle soit apte à de si grandes choses. Qui donc trouvera cette femme forte ? Ne croyez point qu'il ne s'exprime ainsi qu'en désespoir de la pouvoir jamais trouver, car il ajoute, mais en prophétisant «Il faut l'aller chercher bien loin ; et on ne peut la tirer que de l'extrémité du monde (*Prov.* XXXI, 10); » c'est-à-dire ce n'est point quelque chose de peu de valeur, de petit, de médiocre, enfin ce n'est rien de semblable à ce qu'on peut trouver sur la terre, c'est dans le Ciel, non pas dans le ciel le plus rapproché de la terre qu'il faut l'aller chercher, mais c'est du plus haut des Cieux qu'elle doit venir.

Que signifiait encore cet antique buisson de Moïse qui lançait des flammes, mais sans se consumer (*Exod.*, III, 2), sinon Marie enfantant sans douleur ? Qu'est-ce encore que cette verge d'Aaron qui fleurit sans avoir été arrosée (*Rom.*, XVII, 8) ? N'est-ce point Marie qui a conçu sans le concours de l'homme ? C'est de cette grande merveille qu'Isaïe prédit le mystère plus grand encore, quand il dit : « Il sortira un rejeton de la tige de Jessé et une fleur naîtra de sa racine (*Isa.*, XI, 1) ; » le rejeton pour lui c'était la Vierge, et la fleur, son enfantement.

6. S'il vous semble qu'on ne peut voir le Christ dans la fleur sans être en contradiction avec ce qui a été dit plus haut quand j'ai avancé que ce n'est pas la fleur du rejeton, mais le fruit de la fleur qui représente le Christ, je vous ferai remarquer que dans cette verge d'Aaron qui produisit non-seulement des fleurs, mais des feuilles et des fruits, le Christ n'est pas moins représenté par les fleurs et par les fruits que par les feuilles elles-mêmes. De même dans Moïse, ce n'est ni le fruit de sa verge ni sa fleur, mais sa verge elle-même, cette verge dont un coup divisait les eaux de la mer pour laisser un passage aux Hébreux, ou faisait jaillir l'eau du rocher pour étancher leur soif, qui figure le Christ (*Exod.*, XIV, 16). Après tout il n'y a aucun inconvénient que, pour des causes différentes, le Christ soit figuré de manières différentes aussi. Ainsi la verge est le signe de la puissance et la fleur représente la bonne odeur qu'il répand, le fruit désigne combien il est doux à ceux qui le goûtent, et les feuilles rappellent la protection parfaite dont il couvre, à l'ombre de ses ailes, ceux qui se réfugient vers lui, soit pour échapper aux ardeurs des appétits de la chair ou pour se soustraire aux coups des impies qui les persécutent. L'ombre

qu'on goûte sous les ailes de Jésus est bonne et désirable, on y trouve dans la fuite un refuge assuré, le frais et le repos dans la fatigue. Ayez pitié de moi, Seigneur Jésus, ayez pitié de moi, parce que mon âme a mis en vous toute sa confiance, et que j'espérerai à l'ombre de vos ailes jusqu'à ce que l'iniquité de nos ennemis soit passée (*Psalm.* LVI, 1). Toutefois, dans le passage d'Isaïe que nous avons cité, la fleur est le fils et le rejeton est, la mère, attendu que le rejeton a fleuri sans germe, comme la Vierge a conçu sans l'homme ; d'un autre côté l'épanouissement de la fleur n'a nui en rien à la verdeur de la verge non plus que la naissance du fruit sacré des entrailles de Marie n'a porté atteinte à sa virginité.

7. Citons encore quelques autres traits des saintes Écritures qui sont applicables à la Vierge Mère et à Dieu son Fils. Que signifie la toison de Gédéon (*Jud.*, VI, 37) ? Elle est détachée de la peau de l'agneau, mais la peau elle-même demeure intacte, elle est étendue sur le sable, et tantôt c'est elle, tantôt c'est le sable qui reçoit toute la rosée du Ciel ; qu'est-ce autre chose due la chair qui naquit de la Vierge sans porter atteinte à sa virginité ? N'est-ce pas dans son sein que descendit la plénitude de la divinité, quand les Cieux la laissèrent descendre comme une rosée sur la terre ? C'est de cette plénitude que nous avons tous reçu, et sans elle nous ne serions tous qu'une terre aride. Au fait de Gédéon semble se rapporter assez bien aussi cette parole du Prophète : « Il descendra comme la pluie sur une toison (*Psalm.*, XVIII, 5), » car ce qui suit : « et comme l'eau qui tombe goutte à goutte sur la

terre, » paraît désigner la même chose que le sable de Gédéon qui fut trouvé tout humide de rosée. En effet, la pluie volontaire que Dieu tient en réserve pour son héritage, a commencé à tomber tranquillement sans le concours de l'homme et à pénétrer sans effort dans le sein de la Vierge ; et plus tard elle se répandit partout l'univers par la bouche des prédicateurs, non plus comme la rosée qui tomba sur la toison, mais comme les gouttes de la pluie qui fondit sur la terre, accompagnée du bruit de la parole et du retentissement des miracles ; attendu que les nuées qui portaient la pluie dans leur sein se sont alors rappelé qu'il leur avait été dit le jour où elles furent envoyées par le monde : « Annoncez au grand jour ce que je vous ai confié dans les ténèbres, et prêchez sur les toits ce que je vous ai dite à l'oreille (*Matth.*, X, 27.) » C'est, en effet, ce qu'elles firent, car « leur voix a éclaté dans toute la terre et leurs paroles ont retenti jusqu'aux extrémités du monde (*Psalm.*, XVIII, 5.) »

8. Écoutons aussi Jérémie qui ajoute de nouvelles prophéties aux anciennes, et qui ne pouvant pas encore nous montrer le Sauveur, signale sa venue avec le plus ardent désir, et l'annonce d'un ton plein de confiance : « Le Seigneur, dit-il, a créé quelque chose de nouveau sur la terre ; une femme enfantera un homme (*Jérém.*, XXXI, 12.) » Or qu'elle est cette femme et de quel homme parle-t-il ? Et, s'il s'agit vraiment d'un homme, comment une femme pourra-t-elle l'enfanter ? Ou bien s'il peut être en effet, enfanté par une femme, comment se fait-il qu'il soit un homme ? En deux mots, comment, pour

parler plus clairement, peut-il être homme et renfermé en même temps dans le sein d'une femme ? Car c'est de qu'il faut entendre par ces expressions, une femme enfantera un homme. Ceux que nous appelons hommes ce sont ceux qui ont passé la première et la seconde enfance, l'adolescence et la jeunesse et sont arrivés à un âge voisin dé la vieillesse. Or comment, arrivé à un pareil développement, un homme ; peut-il encore être enfermé dans le sein d'une femme ? Si le Prophète avait dit une femme portera un enfant dans son sein, fût-il même déjà un peu grand, cela n'aurait paru ni nouveau ni étonnant. Mais comme il n'a rien dit de tel et qu'il a prédit, au contraire, qu'elle enfanterait un homme, je me demande quelle est cette nouveauté que Dieu a annoncée à la terre, quand il a dit qu'une femme enfanterait un homme et qu'un homme se renfermerait dans le sein d'une femme délicate Qu'est-ce que ce miracle ? « Est-ce que, pour me servir des paroles de Nicodème, un homme fait peut retourner dans le ventre de sa mère et recevoir une seconde naissance (*Joan.*, III, 4) ?

9. Je jette les yeux sur la conception et sur l'enfantement de la Vierge et je me demande si, par hasard au milieu des nouveautés et des merveilles sans nombre que découvre celui qui considère toutes ces choses attentivement, je n'apercevrai point aussi celle dont me parle le Prophète (*Jérém.*, XXXI, 25). Or que vois-je là ? La longueur qui s'est raccourcie, la largeur qui s'est rétrécie, la hauteur qui s'est abaissée et la profondeur qui s'est nivelée. J'y vois une lumière qui ne luit plus, le verbe qui bégaye,

l'eau qui a soif et le pain qui a faim. Oui, si vous faites attention, vous y verrez la puissance gouvernée, la sagesse instruite, la force même soutenue ; un Dieu allaité, et cependant réconfortant les anges ; un Dieu vagissant et en même temps consolant les malheureux ; on y voit, pour peu qu'on regarde avec attention, la joie être triste, la confiance trembler, le salut souffrir, la vie mourir, la force être faible. Mais, et ce n'est pas ce qui est le moins étonnant, on y voit aussi la tristesse inspirer de la joie, la peur rassure, la souffrance sauver, la mort donner la vie, et la faiblesse rendre fort. Qui est-ce qui ne voit point à présent ce que je recherchais tout à l'heure ? Est-ce que vous ne voyez pas maintenant avec facilité, au milieu de toutes ces merveilles, une femme qui entoure un homme, quand vous voyez Marie porter Jésus dans son sein, Jésus cet homme goûté de Dieu ? Car j'appelle Jésus un homme non seulement quand « il était proclamé prophète puissant en œuvres et en paroles (*Luc.*, XXIV, 19) ; » mais aussi lorsque tout petit enfant il était porté dans les bras de sa mère ou même encore enfermé dans son sein. Jésus était donc un homme même avant d'être né, non point par l'âge, mais par la sagesse ; non par les forces corporelles mais par la vigueur de l'âme ; non par le développement des membres mais la maturité des sens. En effet il n'y avait pas moins de sagesse en Jésus, ou plutôt Jésus ne fut pas moins la sagesse même lorsqu'il n'était que conçu que quand il fut né ; lorsqu'il était petit que lorsqu'il était grand. Par conséquent soit qu'il fût encore caché dans le sein de sa mère ou vagissant dans la crèche, déjà jeune garçon interrogeant les docteurs dans le temple, ou homme fait instruisant le peuple, il était toujours également rempli du Saint-Esprit. Il n'y a pas une heure dans sa vie où il y eut quelque chose de plus ou de moins à cette plénitude qu'il reçut su moment de sa conception dans le sein de Marie. Dès le premier instant il fut parfait, oui, dès le premier moment de sa conception il fut rempli de l'esprit de sagesse et d'intelligence, de l'esprit de conseil et de force, de l'esprit de science et de piété, de l'esprit de crainte de Dieu (*Isa.*, XI, 2).

10. Ne vous étonnez pas après cela si vous lisez dans un autre endroit des Livres saints : « Jésus croissait en sagesse, en âge et en grâce devant Dieu et devant les hommes (*Luc.*, II, 52); » car pour ce qui est de la sagesse et de la grâce, il faut entendre ce que dit l'Évangéliste en ce sens, non qu'il croissait effectivement mais qu'il paraissait croître en sagesse et en grâce, ce qui ne veut pas dire qu'il acquérait chaque jour quelque chose de nouveau qu'il n'avait point auparavant, mais qu'il paraissait l'acquérir, quand il voulait lui-même que cela parût ainsi. Pour vous, ô homme, quand vous faites des progrès, vous ne les faites point quand vous voulez ni dans la mesure que vous le voulez, au contraire, c'est même à votre insu que ce progrès s'opère et que votre vie s'arrange. Quant à l'enfant Jésus, c'est lui qui dispose et qui disposait la sienne, et qui paraissait sage quand il le voulait et à qui il le voulait et très-sage enfin toujours, quand et à qui il le voulait, quoique en lui-même il ne fût jamais rien moins qu'infiniment sage. De même, n'ayant jamais cessé d'être

plein de toutes grâces, il ne laissait voir pourtant, selon son bon plaisir, tantôt plus tantôt moins, d'après le mérite de ceux à qui il la montrait ou suivant qu'il savait convenir à leur salut, la grâce qu'il avait en Dieu ou qu'il devait avoir devant les hommes. Il est donc bien certain que Jésus-Christ a toujours eu une âme virile, quoique par son corps il n'ait pas toujours paru homme. Pourquoi douterai-je après cela qu'un homme ait pu se trouver enfermé dans le sein d'une vierge quand je ne fais aucune difficulté d'admettre qu'un Dieu y a habité. Évidemment il est moins grand d'être homme que d'être Dieu.

11. Mais voyons si le prophète Isaïe ne vient pas jeter une très-grande lumière sur la nouveauté de Jérémie, comme il nous a plus haut montré le sens des nouvelles fleurs de la vierge d'Aaron. « Voici, dit-il, qu'une vierge concevra et enfantera un fils (*Isa.*, VII, 14.) » Nous avons donc une femme, puisqu'il nous parle d'une Vierge. Voulez-vous savoir maintenant de quel homme il est question ? Écoutez, le voici : « Et il sera appelé Emmanuel, dit le Prophète, ce qui veut dire Dieu avec nous (*Ibid.*). » Par conséquent, cette femme qui enfantera un homme, c'est la Vierge qui doit concevoir Dieu dans son sein. Voyez-vous quel bel et prodigieux accord il y a entre les miracles des saints et leurs paroles mystérieuses ? Voyez-vous combien est merveilleux ce miracle fait de la Vierge et dans la Vierge, mais que tant de miracles ont précédé et que tant d'oracles ont annoncé d'avance ? C'est que l'esprit des Prophètes est un, et, bien que ceux-ci diffèrent les uns des autres de ma-

nières, de signes et de temps, néanmoins ils sont animés du même esprit et s'accordent tous à voir et à prédire la même chose. Ce qui fut montré à Moïse dans le buisson ardent, à Aaron dans sa verge et sa fleur, à Gédéon dans la toison et la rosée, Salomon l'annonce clairement dans la femme forte et dans son prix ; Jérémie le dit plus clairement encore en parlant de la femme qui doit entourer un homme ; Isaïe le rapporte dans les termes les plus clairs à la Vierge et à Dieu ; et enfin l'ange Gabriel le montre en saluant cette Vierge même ; car c'est de cette Vierge-là que l'Évangéliste parle, quand il dit : « L'ange Gabriel fut envoyé de Dieu à une vierge qui était fiancée à Joseph. »

12. « À une vierge, dit-il, qui était fiancée. » Pourquoi était-elle fiancée, puisqu'elle était, comme je l'ai dit plus haut, la vierge élue, la vierge qui devait concevoir et enfanter, je me demande pourquoi elle était fiancée ; car elle ne devait point connaître le mariage. Qui oserait prétendre que cela se fit par hasard ? Non, le hasard n'a rien à voir là où une raison puissante agit de concert avec une manifeste utilité, avec la nécessité même, avec un motif tout à fait digne de la Sagesse de Dieu. Je vais exposer ce qui m'est venu à la pensée ou plutôt ce qui s'est présenté sur ce point à l'esprit même des Pères. Au fond des fiançailles de Marie se trouve la même raison que dans le doute de l'Apôtre Thomas. C'était la coutume chez les Juifs que, à partir du jour des fiançailles jusqu'à la célébration des noces, les époux eussent la garde de leurs épouses ; c'était à eux de veiller sur leur chasteté, attendu que plus ils se

conserveraient soigneusement leur chasteté, plus aussi ils devaient trouver dans leurs fiancées des épouses fidèles. De même donc que saint Thomas, en doutant, en touchant de ses propres mains, devint le témoin le plus sûr de la résurrection du Seigneur, ainsi Joseph en étant fiancé à Marie, et en veillant d'un œil plus attentif sur sa chasteté pendant le temps qu'elle était confiée à sa garde, devint le plus irrécusable témoin de sa pureté. Quel beau rapport il y a donc, en effet, entre le doute de saint Thomas et les fiançailles de Marie ! On aurait pu nous enlacer dans le filet de la même erreur, et nous rendre suspectes la foi de l'un et la charité de l'autre ; et voilà, au contraire, que, par un effet de la prudence et de la bonté de Dieu, la certitude se rétablit fermement dans nos âmes par le moyen même qui semblait devoir l'ébranler. En effet, pour ce qui est de la résurrection du fils, je croirai bien plutôt, faible comme je le suis, à saint Thomas qui en a d'abord douté lui-même et qui a touché de ses propres mains le ressuscité, qu'à Cephas qui croit à cette résurrection au premier mot qu'on lui en dit ; de même je m'en rapporterai bien plus volontiers, pour la virginité de la Mère, au témoignage de son fiancé qui veillait sur elle et s'en est convaincu par lui-même, qu'aux assurances que la Vierge elle-même pourrait m'en donner en ne m'alléguant que le témoignage de sa conscience. Dites-moi, je vous le demande, quel homme, en la voyant enceinte sans être fiancée, ne la regarderait pas plutôt comme une femme de mauvaise vie que comme une vierge ? Or, il ne fallait pas qu'on pût s'exprimer ainsi au sujet de la Mère du Seigneur, et il était plus convenable et plus tolérable qu'on pût croire, pendant quelque temps, que ce Christ était le fruit d'une union légitime que de la fornication.

13. Vous me demanderez peut-être si Dieu ne pouvait point trouver un autre signe certain, pour empêcher qu'un soupçon injurieux planât sur sa naissance et que sa mère fût regardée comme coupable. Il le pouvait, sans aucun doute, mais les démons n'auraient point ignoré ce qu'ils auraient eu un moyen de connaître. Or, il fallait que le Prince de ce monde ne fût point instruit, pendant quelque temps du moins, du secret des desseins de Dieu. Ce n'est pas que Dieu ait appréhendé, s'il agissait ouvertement, d'être entravé dans son entreprise par le démon, mais c'est que, faisant tout ce qu'il veut, non-seulement avec puissance, mais encore avec sagesse, il voulut, dans l'œuvre merveilleuse de notre rédemption, faire éclater sa prudence non moins que sa puissance, de même que, en toutes ses œuvres, il se plait à observer certaines convenances de choses et de temps dans l'intérêt de la beauté de l'ordre mêmes. Voilà pourquoi, tout en pouvant faire les choses autrement, s'il l'avait voulu, il aima mieux pourtant se réconcilier les hommes de la même manière et dans le même ordre qu'il savait qu'ils étaient tombés, et que, de même que le démon avait commencé par séduire la femme pour triompher de l'homme par elle, ainsi il commençât par être lui-même déçu par la femme pour être ensuite vaincu par l'homme qui est le Christ ; en sorte que, tandis que, d'un côté, l'art de la charité déjouait les ruses

de la malice, de l'autre, la vertu du Christ brisât la force du démon et qu'il fût évident que Dieu est plus prudent et plus fort que Satan. Voilà comment il convenait que la sagesse incarnée vainquît la malice spirituelle, afin que, non-seulement elle atteignît avec force depuis une extrémité du monde jusqu'à l'autre, mais encore qu'elle disposât tout avec une égale douceur (*Sap.*, VIII, 1). Or, elle atteint d'une extrémité à l'autre, c'est-à-dire du ciel aux enfers ; car, selon le Psalmiste : « Si je monte dans le ciel, vous y faites votre demeure, si je descends dans l'enfer, vous y êtes présent (*Psalm.*, CXXXVIII, 8). » Mais aux deux extrémités il atteint avec force, car, du haut du ciel il a précipité les superbes et au fond des enfers il a dépouillé l'avare. Il était donc convenable qu'il disposât tout avec douceur, dans le ciel et sur la terre, d'une part en précipitant l'esprit inquiet pour affermir les autres dans la paix et de l'autre en commençant par nous laisser un exemple bien nécessaire de douceur et d'humilité, pour terrasser ici-bas l'esprit envieux, et qu'il devint ainsi en même temps par un admirable arrangement de la sagesse aussi doux pour les siens que fort contre ses ennemis. En effet, à quoi aurait-il servi que le diable fût vaincu de Dieu, si nous étions restés orgueilleux ? Il était donc nécessaire que Marie fut fiancée à Joseph, puisque c'était le moyen de soustraire aux chiens un saint mystère, de faire constater par son propre époux la virginité de Marie, et de ménager en même temps la pudeur et la réputation de la Vierge. Est-il rien de plus sage, rien de plus digne de la divine providence ? Par ce moyen, les secrets desseins de Dieu ont un témoin, se trouvent soustraits à la reconnaissance de l'ennemi, et l'honneur de la Vierge mère est conservé sans tache. Autrement Joseph aurait-il été juste en épargnant l'adultère ? Or il est écrit : « Joseph son mari, étant un homme juste et ne voulant pas la déshonorer en la traduisant en justice, résolut de la renvoyer en secret (*Matth.*, I, 19). » Ainsi, c'est parce qu'il était juste qu'il ne voulut point la traîner en justice ; mais de même qu'il n'eût point été juste, si, connaissant la faute de Marie il l'avait dissimulé ainsi il n'est point juste non plus, si, connaissant son innocence, il l'eût néanmoins condamnée. Comme il était juste et qu'il ne voulait point la traduire devant les juges, il résolut de la renvoyer en secret.

14. Mais, pourquoi voulut-il la renvoyer ? Écoutez sur ce point, non pas ma propre pensée, mais la pensée des Pères. Si Joseph voulut renvoyer Marie, c'était dans le même sentiment qui faisait dire à saint Pierre, quand il repoussait le Seigneur loin de lui : « Éloignez-vous de moi car je suis un pécheur (*Luc,* V, 8), » et au centurion, quand il dissuadait le Sauveur devenir chez lui : «Seigneur je ne suis pas digne que vous veniez dans ma maison (*Matth.*, VIII, 8). » C'est donc dans cette pensée que Joseph aussi, se jugeant indigne et pécheur, se disait à lui-même, qu'il ne devait pas vivre plus longtemps dans la familiarité d'une femme si parfaite et si sainte, dont l'admirable grandeur le dépassait tellement et lui inspirait de l'effroi. Il voyait avec une sorte de stupeur à des marques certaines qu'elle était grosse de la présence d'un Dieu, et, comme il ne pouvait pénétrer ce mystère, il avait formé le dessein de la

renvoyer. La grandeur de la puissance de Jésus inspirait une sorte d'effroi à Pierre, comme la pensée de sa présence majestueuse déconcertait le centurion ; ainsi Joseph, n'étant que simple mortel, se sentait également déconcerté par la nouveauté d'une si grande merveille et par la profondeur d'un pareil mystère ; voilà pourquoi il songea à renvoyer secrètement Marie. Faut-il vous étonner que Joseph se soit trouvé indigne de la société de la Vierge devenue grosse, quand on sait que sainte Élisabeth ne put supporter sa présence sans une sorte de crainte mêlée de respect ? En effet, « d'où me vient, s'écria-t-elle, ce bonheur, que la mère de mon Seigneur vienne à moi (*Luc*, I, 43) ? » Voilà donc pourquoi Joseph voulait la renvoyer. Mais pourquoi avait-il l'intention de le faire en secret, non point ouvertement ? De peur, sans doute, qu'on ne lui demandât la cause de ce divorce et qu'il ne fût obligé d'en faire connaître le motif. En effet, qu'est-ce que cet homme juste aurait pu répondre à un peuple à la tête dure, à des gens incrédules et contradicteurs ? S'il leur avait dit ce qu'il pensait, et la preuve qu'il avait de la pureté de Marie ? est-ce que les Juifs incrédules et cruels ne se seraient point moqués de lui et n'auraient point lapidé Marie ? Comment, en effet, auraient-ils cru à la Vérité muette encore dans le sein de la Vierge, eux qui ont méprisé sa voix quand elle leur parlait dans le temple ? À quels excès n'auraient-ils pas osé se porter contre celui qu'ils ne pouvaient pas voir encore, quand ils ont pu porter des mains impies sur sa personne resplendissante alors de l'éclat des miracles ? C'est donc avec raison que cet homme juste, pour ne point être dans l'alternative, ou de mentir, ou de déshonorer une innocente, prit le parti de la renvoyer en secret.

15. Si quelqu'un pense et soutient que Joseph eut le soupçon que tout autre homme aurait eu à sa place, mais que, comme il était juste, il ne voulut point habiter avec Marie, à cause de ses doutes mêmes, et que c'est parce qu'il était bon qu'il ne voulait point la traduire en justice, quoiqu'il la soupçonnât d'être coupable, et qu'il songeait à la renvoyer en secret ; je répondrai en deux mots qu'il faut pourtant reconnaître que les doutes de Joseph, quels qu'ils fussent, méritent d'être dissipés par un miracle d'en haut. Car il est écrit que « comme il était dans ces pensées, c'est-à-dire pendant qu'il songeait à renvoyer Marie, un ange du Seigneur lui apparut en songe et lui dit :« Joseph, fils de David, ne craignez point de retenir avec vous Marie, votre épouse, car ce qui est né en elle est l'œuvre du Saint-Esprit (*Matth.*, I, 20). » Voilà donc pour quelles raisons Marie fut fiancée à Joseph, ou plutôt, selon les expressions de l'Évangéliste « à un homme appelé Joseph (*Luc.* I, 27). » Il cite le nom même de cet homme, non pas parce qu'il fut son mari, mais parce qu'il était un homme de vertu, ou plutôt d'après un autre Évangéliste (*Matth.*, I), il n'est point simplement un homme, mais il est appelé son mari ; il était juste qu'il fût désigné par le titre même qui devait nécessairement paraître lui appartenir. Ainsi il dut être appelé son mari parce qu'il fallait qu'on crût qu'il l'était effectivement. De même il mérita d'être appelé le père du Sauveur, quoiqu'il ne le fût pas ef-

fectivement, afin qu'on crût qu'il l'était, comme l'Évangéliste remarque qu'on le croyait en effet : « Quant à Jésus, dit-il, il entrait dans sa douzième année, et passait pour être le fils de Joseph (*Luc.*, III, 23). » Il n'était donc en réalité ni le mari de la mère, ni le père du Fils, quoique par une certaine et nécessaire disposition, comme je l'ai dit plus haut, il reçut pendant un temps les noms de père et d'époux et fut regardé comme étant l'un et l'autre en effet.

16. Mais d'après le titre de père de Dieu que Dieu même voulut bien qu'on lui donnât et qu'on crût pendant quelque temps lui appartenir, et d'après son propre nom qu'on ne peut hésiter à regarder aussi comme un honneur de plus, on peut se faire une idée de ce que fut cet homme, ce Joseph. Rappelez-vous maintenant le patriarche de ce nom qui fut vendu en Égypte ; non-seulement il portait le même nom, mais encore il eut sa chasteté, son innocence et sa grâce. En effet, le Joseph qui fut vendu par ses frères qui le haïssaient et conduit en Égypte, était la figure du Christ qui, lui aussi, devait être vendu ; notre Joseph, de son côté, pour fuir la haine d'Hérode, porta le Christ en Égypte (*Matth.*, II, 14), Le premier, pour demeurer fidèle à son maître, ne voulut point partager le lit de sa maîtresse (*Gen.*, XXXIX, 12); le second, reconnaissant sa maîtresse dans la mère de son Seigneur, la vierge Marie, observa lui-même fidèlement les lois de la continence. À l'un fut donnée l'intelligence des songes, à l'autre il fut accordé d'être le confident des desseins du ciel et d'y coopérer pour sa part. L'un a mis le blé en réserve non pour lui, mais pour son peuple ; l'autre

reçut la garde du pain du ciel non-seulement pour son peuple, mais aussi pour lui. On ne peut douter que ce Joseph, à qui fut fiancée la mère du Sauveur, n'ait été un homme bon et fidèle, ou plutôt le serviteur même fidèle et prudent que le Seigneur a placé près de Marie pour être le consolateur de sa mère, le père nourricier de son corps charnel et le fidèle coopérateur de sa grande œuvre sur la terre. Ajoutez à cela qu'il était de la maison de David, selon l'Évangéliste ; il montra qu'il descendait en effet de cette source royale, du sang même de David, ce Joseph, cet homme noble par sa naissance ; mais plus noble encore par le cœur. Oui, ce fut un digne fils de David, un fils qui n'était point dégénéré de son père ; mais quand je dis qu'il était un digne fils de David, je dis non-seulement selon la chair, mais pour sa foi, pour sa sainteté et pour sa dévotion. Dieu le trouva en effet comme son aïeul David un homme selon son cœur, puisqu'il lui confia son plus saint mystère, lui révéla les secrets les plus cachés de sa sagesse, lui fit connaître une merveille qu'aucun des princes de ce monde n'a connu, lui accorda la garde de voir ce dont la vue fut ardemment désirée mainte fois par une foule de rois et de prophètes, d'entendre celui qu'ils n'ont point entendu ; non-seulement il lui fut donné de le voir et de l'entendre, mais il eut l'honneur de le porter dans ses bras, de le conduire par la main, de le presser sur son cœur, de le couvrir de baisers, de le nourrir et de veiller à sa garde. Il faut croire que Marie ne descendait pas moins que lui de la maison de David, car elle n'aurait point été fiancée à un homme de cette royale lignée, si elle n'en eût point été elle-même. Ils étaient donc l'un et l'autre de la famille royale de David ; mais ce n'est qu'en Marie que se trouva accomplie la promesse véridique que le Seigneur avait faite à David, Joseph ne fut que le témoin et le confident de son accomplissement.

17. Le verset de l'Évangéliste se termine ainsi : « Et le nom de la vierge était Marie. » Quelques mots sur ce nom de Marie, dont la signification désigne l'étoile de la mer : ce nom convient merveilleusement à la Vierge mère ; c'est en effet avec bien de la justesse qu'elle est comparée à un astre, car de même que l'astre émet le rayon de son sein sans en éprouver aucune altération, ainsi la vierge a enfanté un fils sans dommage pour sa virginité. D'un autre côté, si le rayon n'enlève rien à l'éclat de l'astre qui l'émet, de même le Fils de la Vierge n'a rien diminué à sa virginité. Elle est en effet la noble étoile de Jacob qui brille dans les cieux, rayonne dans les enfers, illumine le monde, échauffe les âmes bien plus que les corps, consume les vices et enflamme les vertus. Elle est belle et admirable cette étoile qui s'élève au dessus du vaste océan, qui étincelle de qualités et qui instruit par ses clartés. Ô vous qui flottez sur les eaux agitées de la vaste mer, et qui allez à la dérive plutôt que vous n'avancez au milieu des orages et des tempêtes, regardez cette étoile, fixez vos yeux sur elle, et vous ne serez point engloutis par les flots. Quand les fureurs de la tentation se déchaîneront contre vous, quand vous serez assaillis par les tribulations et poussés vers les écueils, regardez Marie, invoquez Marie. Quand vous gémirez dans la tour-

mente de l'orgueil, de l'ambition, de la médisance, et de l'envie, levez les yeux vers l'étoile, invoquez Marie. Si la colère ou l'avarice, si les tentations de la chair assaillent votre esquif, regardez Marie. Si, accablé par l'énormité de vos crimes, confus des plaies hideuses de votre cœur, épouvanté par la crainte des jugements de Dieu, vous vous sentez entraîné dans le gouffre de la tristesse et sur le bord de l'abîme du désespoir, un cri à Marie, un regard à Marie. Dans les périls, dans les angoisses, dans les perplexités, invoquez Marie, pensez à Marie. Que ce doux nom ne soit jamais loin de votre bouche, jamais loin de votre cœur ; mais pour obtenir une part à la grâce qu'il renferme, n'oubliez point les exemples qu'il vous rappelle. En suivant Marie, on ne s'égare point, en priant Marie, on ne craint pas le désespoir, en pensant à Marie, on ne se trompe point ; si elle vous tient par la main, vous ne tomberez point, si elle vous protège, vous n'aurez rien à craindre, si elle vous conduit, vous ne connaîtrez point la fatigue, et si elle vous est favorable, vous êtes sûr d'arriver ; vous comprendrez ainsi par votre propre expérience pourquoi il est écrit : « Le nom de la vierge était Marie. » Mais arrêtons-nous un peu, de peur que nous ne voyions aussi qu'en passant, la belle clarté de cet astre. Car, pour me servir des paroles de l'Apôtre : « Il est bon pour nous d'être ici (*Matth.*, XVII), » et c'est un bonheur de pouvoir contempler en silence ce qu'un long discours serait incapable de bien expliquer. Mais en attendant, la pieuse contemplation de cet astre scintillant nous donnera une nouvelle ardeur pour ce qui nous reste à dire.

NOTES DE HORSTIUS ET DE MABILLON DEUXIÈME HOMÉLIE SUR LE MISSUS EST.

272. Or, il fallait que le prince de ce monde ne fît point instruit, etc. Les docteurs de l'Église apportent plusieurs raisons pour expliquer pour quel motif le Christ en s'incarnant voulut naître d'une vierge déjà fiancée. La principale de toutes est qu'il voulait ainsi dérober la connaissance de la conception au démon. En effet, ainsi que saint Basile dans son Homélie sur la génération charnelle du Christ et saint Jean Damascène, dans son livre V de la Foi, chapitre V, nous l'assurent, le démon savait par la prophétie d'Isaïe : « Voici qu'une vierge concevra, » que le Messie devait naître d'une vierge, il avait donc les yeux ouverts sur toutes les vierges afin de savoir quand il naîtrait. Mais pour tromper la vigilance et déjouer ses ruses, le Seigneur choisit une vierge fiancée afin de lui faire croire que sa grossesse était le fruit de son mariage, non point la grossesse d'une vierge. Telle est la raison que saint Ignace donne de ce fait dans sa lettre aux Éphésiens. Origène, dans son Homélie XVI, sur saint Luc et dans la première sur divers passages ; saint Basile dans son livre déjà cité ; saint Ambroise sur saint Luc, chapitre I, et saint Jérôme sur le premier chapitre de saint Matthieu, émettent la même pensée. « Pour moi, dit Maldonat, j'aime mieux avouer franchement que je ne comprends point cette raison, plutôt que d'entreprendre de les réfuter sans être en état de le faire. En effet, je ne comprends point comment il se fait que Satan a pu ignorer, en y faisant attention, la virginité de Ma-

rie, puisqu'il pouvait, s'il le voulait, s'assurer que son corps était demeuré vierge. » C'est donc sur la foi des saints Pères qu'on doit accepter la raison qu'ils en donnent. J'avoue également que, quant à moi, à première vue elle ne me semble pas très-bonne puisque le démon pouvait connaître très-facilement la virginité de toute femme et ce qui se passe entre époux. Toutefois il est sûr que Dieu voulut cacher sa venue au démon afin que, selon la remarque de saint Ambroise, il ne fît rien pour empêcher qu'il ne mourût et qu'il ne rachetât le monde. Saint Paul dit, en effet, dans sa première lettre aux Corinthiens, chapitre deuxième, verset huitième : « Aucun des princes de ce monde ne l'a connu car s'ils l'avaient connu, ils n'auraient jamais crucifié le Seigneur de gloire. » D'ailleurs il est également bien certain que s'il l'avait voulu, par sa pénétration naturelle et sa subtilité, le démon aurait pu savoir que la sainte Vierge était demeurée vierge même après son enfantement. « En effet, si l'homme peut avoir la certitude manifeste de la virginité d'une femme, à plus forte raison le démon le peut-il aussi. Cependant par la permission et la volonté de Dieu, il ne découvrit point que Marie était demeurée vierge ; en la voyant mariée, il négligea de s'assurer par ses yeux de son état, et il crut que sa grossesse était le fruit d'une union conjugale entre elle et celui à qui elle avait été fiancée. Voilà comment ces fiançailles le trompèrent et lui firent négliger de porter ses regards sur le corps de Marie qu'il croyait unie à son mari par les liens du mariage. C'est pour la même raison que la conception du Sauveur n'est point annoncée à la

Vierge avant qu'elle fût fiancée ; le démon fait peu d'attention aux choses qui se passent selon la règle et la justice. Voilà comment il faut comprendre à raison que tant et de si grands docteurs nous ont donnée de ce mystère. » C'est à peu près en ces termes que s'exprime le cardinal Tolet sur saint Luc, chapitre I. Mais s'ensuit-il que nous devons accepter cette raison, et le lecteur attentif s'en contentera-t-il ? C'est ce que j'ignore. Pour moi elle n'est pas absolument sans réplique. En effet, ne peut-on pas dire que le démon à l'œil bien plus ouvert encore sur les actions des justes que sur celles des autres hommes pour les attaquer et les infester même, comme l'indique son nom ? Nous en avons, en effet, une preuve dans le saint homme Job. Or, on ne saurait douter qu'il eût examiné avec un soin d'autant plus grand toute la vie et toutes les actions de la sainte Vierge qu'il savait qu'elle avait fait vœu de ne jamais connaître d'homme ; il devait donc s'assurer si elle ne manquait point à son vœu. Je suis donc bien porté à me ranger à l'avis de Maldonat que j'ai cité plus haut.

FIN DES NOTES.

TROISIÈME HOMÉLIE.

SUR LES GLOIRES DE LA VIERGE MÈRE.

Volontiers, lorsque j'en trouve l'occasion, je m'approprie les paroles des Saints afin de rendre plus agréable au lecteur ce que je lui offre dans des vases plus beaux. Et pour commencer par emprunter le langage d'un Prophète, je m'écrierai : malheur à moi, non point parce que je me suis tu, mais parce que j'ai parlé, moi dont les lèvres sont impures (*Isa.*, VI, 5). Hélas ! que de vanités, que de mensonges, que de hontes sont sorties de cette bouche infiniment souillée, qui entreprend aujourd'hui de traiter des sujets divins ! J'ai bien peur que ce ne soit pour moi qu'il a été dit : « Pourquoi entreprenez-vous de raconter mes justices, et pourquoi avez-vous mon alliance sur les lèvres (*Psalm.*, XLIX, 16) ? » Que je serais heureux si de l'autel qui est dans les Cieux, non pas seulement un charbon, mais un grand globe de feu était approché de ma bouche pour en brûler au vif la rouille épaisse qui la ronge ! Peut-être serais-je digne alors de rapporter dans mon imparfait langage les doux et chastes entretiens que l'Ange et la Vierge ont échangé entre eux. L'Évangéliste dit donc : « Et l'Ange étant entré dans le lieu où elle était, elle, c'est-à-dire Marie, lui dit : Je vous salue pleine de grâce, le Seigneur est avec vous (*Luc.*, I, 28). » Où était-elle lorsque l'Ange vint la trouver ? Je pense qu'elle était retirée à l'écart dans sa chambre virginale, où peut-être, après avoir fermé la porte sur elle, elle priait le Père dans le secret. Les anges ont coutume, en effet, d'assister à nos prières, et se plaisent dans la société de ceux qu'ils voient lever des mains pures en priant, ils aiment à offrir à Dieu, comme un sacrifice de douce odeur, l'holocauste d'une sainte dévotion. Aussi l'Ange a-t-il montré, en saluant Marie, lorsqu'il fut arrivé près d'elle, combien ses prières étaient agréables au Très-Haut. Il ne fut pas difficile à l'Ange de pénétrer dans la retraite de la Vierge, quoiqu'elle en eût fermé la porte ; car, par la vertu de sa substance, il jouit du privilège de ne jamais être arrêté par des serrures de fer en quelque lieu qu'il veuille pénétrer. Pour les esprits célestes, il n'y a point de murailles, tout est accessible à leurs regards, il n'est corps si durs et si épais qu'ils soient qu'ils ne puissent pénétrer et traverser. Il n'est donc point à présumer que l'Ange ait trouvé ouverte la petite porte du réduit où la Vierge se tenait, soit pour éviter le commerce des hommes et se soustraire à leurs entretiens, soit pour se livrer en silence à la prière et se trouver à l'abri des tentations qui pouvaient assaillir sa chasteté virginale. La Vierge très-prudente avait donc, en ce moment, fermé sa porte pour les hommes, mais elle ne l'avait point fermée pour les Anges. Aussi un Ange put-il pénétrer dans sa retraite, bien que tout accès fût interdit aux hommes jusqu'à elle.

2. Étant donc entré là où elle se tenait, l'Ange lui dit : «Je vous salue, pleine de grâce, le Seigneur est avec vous. » Nous voyons dans les Actes des Apôtres (*Act.*, VI, 5), que saint Étienne fut aussi plein de grâce et que les apôtres furent remplis du Saint-Esprit, mais il y a une grande différence entre eux et Marie. D'ailleurs la plénitude de la divinité n'a point habité dans Étienne comme en Marie. L'Ange lui dit : « Je vous salue, pleine de grâce, le Seigneur est avec vous. »

Mais faut-il s'étonner qu'elle fût pleine de grâce quand le Seigneur même était avec elle ? Si je m'étonnais de quelque chose ce serait plutôt de voir que l'Ange retrouve en Marie celui même qui l'avait envoyé vers elle. Dieu est-il donc venu plus vite que l'Ange pour être arrivé sur la terre plus tôt que son rapide messager ? Je n'en serais point surpris ; car pendant que le Roi se reposait sur le sein de la Vierge, le nard dont elle était parfumée a répandu son odeur qui s'est élevée comme la fumée des aromates en sa glorieuse présence et elle a trouvé grâce devant lui aux acclamations de tous les assistants qui disaient : « Quelle est celle-ci qui monte par le désert comme une petite vapeur d'aromates, de myrrhe et d'encens (*Cant.*, III, 6) ? » Alors le Seigneur sortant de son lieu saint, s'élança comme un géant dans la carrière, et quoique son essor fût du plus haut des Cieux (*Psalm.*, XVIII, 6), cependant, porté sus l'aile d'un désir excessif, il devance l'arrivée de son messager auprès de la Vierge qu'il aime, qu'il s'est choisie et dont la beauté le captive. C'est lui que l'Église voit avec bonheur venir de loin et dont elle dit dans sa joie : « Je vois mon bien-aimé, le voici qui vient sautant sur les montagnes et franchissant les collines (*Cant.*, II, 8). »

3. Or, ce n'est point sans raison que ce Roi a senti ses désirs s'allumer pour la beauté de la Vierge, elle avait fait ce que David son père lui avait conseillé longtemps d'avance quand il lui disait : « Écoutez, ma Fille, ouvrez les yeux et prêtez une oreille attentive : oubliez votre peuple et la maison de votre père, » si vous le faites, « le Roi sera épris de vos charmes (*Psalm.*, XLIV, 11). » Elle entendit et elle vit, non pas à la manière de ceux qui en écoutant n'entendent pas, et en regardant ne voient pas ; mais elle entendit et crut, elle vit et comprit. Elle obéit à ce qu'elle avait entendu et soumit son cœur à la règle de conduite indiquée, elle oublia son peuple et la maison de son père, car elle ne se mit point en peine d'augmenter l'un par le nombre de ses enfants ni de laisser dans l'autre un héritier des biens paternels ; elle regarda comme un vil fumier la gloire qui pouvait l'attendre au milieu de son peuple et les biens terrestres qu'elle pouvait espérer de l'héritage de son père, afin de gagner le Christ. Son espoir ne fut point déçu, puisqu'en même temps qu'elle eut le Christ pour Fils, elle conserva son vœu de virginité. Il est donc bien vrai qu'elle est pleine de grâce, cette vierge qui a retenu la grâce de la virginité en même temps qu'elle obtenait celle de la fécondité.

4. L'Ange dit donc : « Je vous salue, pleine de grâce, le Seigneur est avec vous. » Il ne dit pas le Seigneur est en vous, mais « le Seigneur est avec vous. » C'est que Dieu qui est présent tout entier également en tous lieux par la simplicité de sa substance, ne se trouve pourtant pas de la même manière dans les créatures raisonnables que dans les autres ; et parmi celles-là il n'est pas présent avec la même efficacité dans les méchantes que dans les bonnes. Ainsi il se trouve dans les êtres sans raison, mais il n'y est point compris ; au contraire, dans toutes les créatures raisonnables, il est compris par l'intelligence, mais il ne l'est par l'amour que dans les bonnes. Il n'y a donc que dans les créatures raisonnables et bonnes qu'il se trouve de telle façon qu'il est en même temps avec elles à cause de la conformité de leurs volontés avec la sienne. En effet, ces créatures-là soumettent leurs propres volontés à la justice, en sorte que Dieu peut, sans déchoir, vouloir ce qu'elles veulent, et par le fait qu'elles ne sont point en désaccord de volonté avec lui, elles unissent Dieu à elles d'une manière toute spéciale. Mais s'il en est ainsi par rapport à tous les autres saints, à plus forte raison en est-il de même, mais d'une manière plus spéciale encore pour la sainte Vierge ; car avec elle l'accord est tellement grand que Dieu s'est uni non-seulement sa volonté, mais sa chair même ; en sorte que de sa propre substance et de la Vierge il fit ou plutôt se fit un être qui est le Christ, qui, sans être tout entier de Dieu ni tout entier de la Vierge, fut néanmoins tout entier fils de Dieu et tout entier fils de la Vierge, car il n'y a pas deux fils en lui, mais un seul fils de Dieu et de Marie

en même temps. L'Ange dit donc : «Je vous salue, pleine de grâce, le Seigneur est avec vous. » Or ce Seigneur, ce n'est pas seulement le Fils que vous revêtez de votre chair, mais c'est aussi le Saint-Esprit par l'opération duquel vous concevrez, c'est également le Père qui a engendré celui que vous concevrez. Oui, le Père est avec vous, le Père, dis-je, qui fait que son Fils soit votre fils. Le Fils est avec vous, le Fils qui, pour accomplir en vous un admirable mystère, s'ouvre votre sein d'une manière miraculeuse et respecte en même temps le sceau de votre virginité. L'Esprit-Saint est avec vous, l'Esprit-Saint qui, de concert avec le Père et avec le Fils, sanctifie votre sein. Donc le Seigneur est bien avec vous.

5. « Vous êtes bénie entre toutes les femmes. » Ajoutons à ces paroles d'Élisabeth celles qui les suivent : « Et le fruit de vos entrailles est béni. » Mais ce n'est pas parce que vous êtes bénie que le fruit de votre ventre est béni, c'est au contraire parce qu'il vous a prévenue de la douceur de ses bénédictions que vous êtes bénie. Oui certainement il est véritablement béni ce fruit de vos entrailles, en qui toutes les nations elles-mêmes sont bénies et de la plénitude duquel vous avez reçu, ainsi que les autres hommes quoique d'une manière bien différente. Vous êtes donc bénie, mais entre toutes les femmes ; quant à lui, il est béni entre les hommes, non entre les anges, selon ce que dit l'Apôtre qui le proclame le Seigneur béni par-dessus tous les siècles (*Rom.*, IX, 6). On dit un homme béni, un pain béni, une femme, une terre bénie, et ainsi de toute autre créature ; mais c'est d'une manière toute spéciale que le fruit

de votre ventre est béni puisqu'il est le Dieu béni par-dessus tous les siècles.

6. Ainsi le fruit de vos entrailles est béni. Béni en odeur, béni en saveur, béni en beauté. C'est l'arôme délicieux de ce fruit que sentait celui qui disait : « L'odeur qui sort de mon fils est semblable à celle d'un champ de fleurs que le Seigneur a comblé de ses bénédictions (*Gen.*, XXVII, 2?). » Peut-on douter que celui que le Seigneur a béni soit véritablement béni ? Sans doute, il était sous le charme du goût excellent de ce fruit celui qui exhalait sa satisfaction en ces termes : « Goûtez donc et voyez combien le Seigneur est doux (*Psalm.* XXXIII, 9), » et encore : « Combien est donc grande, Seigneur, l'abondance de votre ineffable douceur, que vous avez cachée pour ceux qui vous craignent (*Psalm.* XXX, 20) ! » Un autre disait de même « Si toutefois vous avez goûté combien doux est le Seigneur (*I Petr.*, II, 3). » Et ce fruit, disait-il lui-même, en parlant de soi et en nous invitant à le manger : « Celui qui me mange aura encore faim et celui qui me boit ressentira encore l'aiguillon de la soif (*Eccli.*, XXIV. 29). » Il est évident que c'est à cause de sa douce saveur qu'il parlait ainsi ; le goûter seulement, donne l'envie de le goûter encore. C'est un bien bon fruit que celui qui est la nourriture et la boisson des âmes qui ont faim et soif de la justice. Je vous ai parlé de son arôme et de sa saveur, écoutez maintenant ce qui a été dit de sa beauté. S'il est vrai, comme l'atteste l'Écriture, que le fruit de mort était non-seulement agréable au goût mais encore à la vue (*Gen.*, III, 6), à combien plus forte raison devons-nous rechercher une beauté de

vie dans ce fruit de vie sur lequel, au dire de la sainte Écriture, les anges mêmes désirent reposer les yeux (*I Petr.*, I, 12) ? Celui qui s'écriait : « L'éclat de sa gloire vient de Sion (*Psalm.* XIX, 2), » voyait certainement sa beauté en esprit et désirait vivement la contempler des yeux de son corps. Mais pour ne pas vous figurer que ce n'était que d'une beauté médiocre qu'il parlait avec cet enthousiasme, rappelez-vous ce qu'on lit dans un autre psaume : « Vous surpassez en beauté les enfants des hommes ; une grâce admirable est répandue sur vos lèvres parce que Dieu vous a béni de toute éternité (*Psalm.* XLIV, 3). »

7. Ainsi « le fruit de vos entrailles » que le Dieu a béni de toute éternité « est béni ; » et c'est de sa bénédiction que vous êtes vous-même bénie entre toutes les femmes, attendu que l'arbre qui porte de bons fruits ne saurait être un mauvais arbre. Oui, vous êtes bénie entre toutes les femmes, puisque vous avez échappé à la malédiction qui les atteignit toutes, quand il fut dit à Ève : « Vous enfanterez dans la douleur (*Gen.*, III, 16), » et à cette autre malédiction encore après la première : « Maudite soit la femme stérile en Israël (*Deut.*, VII, 14) ; » et même vous avez reçu une bénédiction toute particulière pour ne point demeurer stérile et pour échapper en même temps aux douleurs de l'enfantement. Quelle dure et triste nécessité, quel joug accablant pèse sur toutes les filles d'Ève ! Elles ne peuvent être mères sans douleur, ni demeurer stériles sans être maudites. La douleur leur fait appréhender d'avoir des enfants, et la malédiction leur fait craindre de n'en avoir point. Que ferez-vous, ô vierge qui entendez et

qui lisez cela ? Si vous devenez mère, ce n'est que dans la douleur ; si vous demeurez stérile, c'est pour être maudite. Quel parti prendrez-vous, ô vierge pudique ? Partout, me répondrez-vous, je ne vois qu'angoisses ; néanmoins j'aime mieux m'exposer à être maudite et demeurer vierge que de commencer par concevoir dans la concupiscence un fruit que je ne pourrai ensuite mettre au jour que dans la douleur. D'ailleurs d'un côté si je vois la malédiction, je ne vois point de péché, tandis que de l'autre se trouvent la douleur et le péché. Après tout, cette malédiction, qu'est-ce autre chose que le mépris des hommes ? Car si la femme stérile est maudite, cela ne veut dire qu'une chose, c'est qu'elle est un objet d'opprobre et de mépris aux yeux des hommes, encore cela n'a-t-il lieu qu'en Israël seulement, parce qu'elle est regardée comme inutile et improductive. Mais pour moi, je compte pour moins que rien de déplaire aux hommes, pourvu que je puisse me présenter comme une chaste vierge au Christ. Ô Vierge sage, Vierge pieuse, où donc avez-vous appris que Dieu aimait les vierges ? Quelle loi, quels préceptes, quelle page de l'ancien Testament vous a prescrit, conseillé, engagé à ne pas vivre selon la chair dans la chair, et à mener la vie des anges sur la terre ? Où donc aviez-vous lu, bienheureuse Vierge, que « la sagesse de la chair est une mort (*Rom.*, VIII, 6), » et « qu'il ne faut point prendre de la chair un soin qui aille jusqu'à contenter tous ses désirs (*Rom.*, XIII, 14) ? » Où aviez-vous vu au sujet des vierges, que « les vierges seules chantent le cantique nouveau et suivent l'Agneau partout où il va (*Apoc.*, XIV, 4) ? »

Où aviez-vous vu louer « ceux qui se sont rendus eunuques pour le royaume des Cieux (*Matth.*, XIX, 12) ? » Où aviez-vous appris que « si nous vivons dans la chair, ce n'est point selon la chair que nous combattons (*II Corinth.*, X, 3) ; que celui qui marie sa fille fait bien, mais que celui qui ne la marie pas fait mieux encore (*Ibid.* XXV) ? » Qui donc vous avait fait entendre ces paroles : « Je voudrais que vous fussiez tous comme moi (*Ibid.* XL), car selon moi, il est bon à l'homme de demeurer dans cet état ; ce n'est point un précepte que je vous fais au sujet de la virginité, mais c'est un conseil que je vous donne (*Ibid.* XXV) ? » Pour vous, point de commandement, point de conseil, point d'exemple antérieur ; c'est l'onction divine qui vous a tout fait comprendre. La parole de Dieu elle-même, vivante, opérante, vous avait éclairée avant de se revêtir de votre chair et de s'appeler votre fils. Ainsi vous faites le vœu de vous conserver vierge pour le Christ, et vous ignorez que vous devez lui donner une mère. Vous choisissez le mépris des enfants d'Israël et vous voulez encourir la malédiction de la stérilité pour celui à qui vous voulez plaire, et voilà que les malédictions cèdent la place aux bénédictions et que la stérilité est remplacée par la fécondité.

8. Ouvrez donc votre sein, ô Vierge, préparez votre giron et vos flancs, car celui qui est tout-puissant va accomplir en vous de grandes choses, si grandes qu'au lieu des malédictions d'Israël tous les peuples vous combleront de bénédictions. Ne craignez point la fécondité, ô Vierge prudente, elle ne nuira en rien à votre virginité. Vous concevrez, mais

vous ne pécherez point ; vous serez grosse, mais vous ne connaîtrez point les fatigues de la grossesse ; vous enfanterez, il est vrai, mais ce sera sans tristesse ; sans connaître d'homme, vous aurez un fils. Mais quel fils ? Celui même dont Dieu est le Père. Le Fils de la splendeur du Père sera la couronne de votre chasteté. La sagesse du cœur du Père sera le fruit de votre sein virginal. En un mot, vous enfanterez Dieu même et vous concevrez de Dieu. Prenez courage, Vierge féconde, chaste épouse, mère virginale ; vous ne serez pas plus longtemps exposée aux malédictions d'Israël, parce que vous ne serez plus comptée parmi les femmes stériles. Si vous êtes encore chargée de malédictions par les descendants d'Israël selon la chair, ce n'est point parce qu'ils vous trouvent stérile, mais plutôt parce qu'ils haïssent votre fécondité. Rappelez-vous que le Christ même fut maudit sur la croix, lui qui vous a bénie dans les cieux, parce que vous êtes mère ; mais vous êtes bénie aussi sur la terre par l'ange Gabriel, et toutes les générations du monde vous proclameront, avec raison, bienheureuse. Vous êtes donc bénie entre toutes les femmes et le fruit de vos entrailles est béni.

9. « En entendant l'Ange parler ainsi, Marie fut troublée de son langage, et elle pensait en elle-même ce que pouvait être cette salutation (*Luc*, I, 29). » Les vierges, qui sont véritablement vierges, sont naturellement timides et ne se croient jamais en sûreté. Bien plus, pour échapper à ce qu'elles redoutent dans leur timidité, elles en viennent jusqu'à craindre au sein même de la plus complète sécurité ;

elles savent, en effet, qu'elles portent un précieux trésor dans des vases fragiles, qu'il est bien difficile de vivre comme des anges au milieu des hommes et, comme des habitants du ciel sur la terre, de pratiquer enfin le célibat quand on a un corps de chair. Aussi soupçonnent-elles de secrètes embûches dans tout ce qui leur parait nouveau, et dans tout ce qui se produit tout à coup autour d'elles. À leurs yeux tout cela recouvre quelque piège dressé contre elles. Voilà ce qui explique le trouble de Marie aux paroles de l'Ange ; elle fut troublée, dit l'Évangéliste, mais non décontenancée. Le Psalmiste avait dit : « J'étais plein de trouble et je ne pouvais parler, mais je songeais aux jours anciens et j'avais les années éternelles présentes à l'esprit (*Psal.*, LXXVI, 5). » Tel fut le trouble de Marie, et tel fut son silence ; mais en même temps elle se demandait ce que signifiait cette salutation. Son trouble venait évidemment de sa pudeur virginale, mais, si elle ne fut point décontenancée, c'est à sa force qu'elle le doit, et si, dans son silence, elle réfléchit encore, c'est une preuve de sa prudence. « Or, elle se demandait ce que signifiait cette salutation. » Sans doute notre Vierge prudente savait qu'il arrive quelquefois que l'ange de Satan se transfigure en ange de lumière, et, comme elle était aussi humble que simple, elle ne pouvait croire que ce salut lui vînt d'un ange véritable : aussi se demandait-elle ce que signifiait cette salutation.

10. Alors l'Ange, considérant la Vierge et remarquant sans peine qu'elle était intérieurement en proie à des pensées bien différentes, dissipe ses appréhensions, chasse ses doutes, et, l'appelant fami-

lièrement par son nom, il lui dit avec bonté de ne rien craindre. « Ne craignez point, Marie, lui dit-il, car vous avez trouvé grâce devant Dieu (*Luc*, I, 30). » Il n'y a là ni piège ni ruse ; ne craignez ni trame perfide ; ni embûches. Je ne suis point un homme, mais un ange, et un ange non de Satan, mais de Dieu. « Ne craignez donc point, Marie, vous avez trouvé grâce devant Dieu. » Oh! si vous pouviez savoir à quel point votre humilité est agréable à Dieu et quelle élévation vous attend auprès de lui ! Vous ne vous jugeriez point indigne des entretiens d'un ange, non plus que de ses hommages. Sur quoi me fonderai-je, en effet, pour dire que vous n'avez point trouvé grâce aux yeux des anges, quand vous avez trouvé grâce auprès de Dieu ? Vous avez trouvé ce que vous cherchiez, mais ce que personne n'a trouvé avant vous ; vous avez, dis-je, trouvé grâce devant Dieu. Mais de quel grâce est-il ici question ? De celle qui rétablit la paix entre Dieu et l'homme, qui détruit la mort et répare la vie. Voilà la grâce que vous avez trouvée auprès de Dieu. Et la preuve, c'est que « Vous allez concevoir dans votre sein pour l'enfanter ensuite, un fils à qui vous donnerez le nom de Jésus, (*Luc*, I, 31). » Comprenez, Vierge prudente, au seul nom du fils qui vous est promis, quelle grâce unique vous avez trouvée devant Dieu, «Vous lui donnerez le nom de Jésus, » dit-il ; or, un autre Évangéliste nous donne le sens de ce nom, en rapportant ainsi la manière dont l'Ange lui-même l'a expliqué : « Parce que ce sera lui qui sauvera son peuple et le délivrera de ses péchés (*Matth.*, I, 21). »

11. Je trouve qu'il y a eu deux Jésus, qui furent la

figure de celui dont il est parlé ici, et tous les deux furent placés à la tête d'Israël. L'un ramena son peuple de Babylone (*Esdr.*, II et V) ; l'autre le fit entrer dans la terre promise (*Josue*, XXI et XXXIII). Mais s'ils purent l'un et l'autre protéger leur peuple contre les attaques de ses ennemis, ils étaient hors d'état de le délivrer de ses péchés. Le Nôtre, au contraire, non-seulement délivre son peuple de ses péchés, mais encore l'introduit dans la terre même des vivants ; « Car il sauvera son peuple et le délivrera de ses péchés. » Or, quel est-il celui-là qui remet même les péchés ? Plaise au ciel que le Seigneur Jésus daigne nie compter dans son peuple, et me sauver de mes propres péchés ! On peut bien dire en vérité que le peuple dont ce Jésus est le Seigneur et le Dieu, est vraiment bienheureux, puisqu'il doit sauver son peuple de ses péchés. Mais j'ai bien peur qu'il n'y en ait beaucoup qui se disent de son peuple et n'en soient point en effet ; oui je crains qu'il ne dise un jour à quelques-uns de ceux qui semblent plus religieux que les autres dans son peuple : « Ces gens-là m'honorent du bout des lèvres, mais leur cœur est loin de moi (*Matth.*, XV, 8 et II *Tim.*, II, 19). » Car le Seigneur Jésus connaît ceux qui sont à lui, il sait quels sont ceux qu'il a élus dès le principe. « Pourquoi, dit-il, m'appelez-vous Seigneur, Seigneur, et ne faites-vous point ce que je vous dis (*Luc*, VI, 46) ? » Voulez-vous savoir si vous appartenez ou plutôt voulez-vous appartenir à son peuple ? Faites ce qu'il vous dit, et vous serez compté parmi les siens. Oui, faites ce qu'il vous prescrit lui-même dans son Évangile, ce qu'il vous ordonne dans la loi et les Prophètes, ce qu'il vous commande par ses ministres dans l'Église ; obéissez à ses vicaires, je veux dire à vos supérieurs, non-seulement à ceux qui sont bons et faciles, mais même à ceux qui sont difficiles ; apprenez aussi de ce même Jésus qu'il est doux et humble de cœur et vous serez de ce peuple heureux qu'il s'est choisi pour héritage, vous serez de ce peuple digne de louanges que le Seigneur Dieu des armées a béni en disant : « Tu es l'œuvre de mes mains, Israël, tu es mon héritage (*Isa.*, XIX, 25). » Mais de peur que vous ne confondiez ce peuple avec le peuple charnel d'Israël, il lui rend encore ce témoignage. « Un peuple que je n'avais point connu s'est soumis à moi et il m'a obéi dès qu'il a entendu ma voix (*Psalm.*, XVXX, 45). »

12. Mais écoutons ce que l'Ange pense de celui à qui il donne un nom avant même qu'Il soit conçu : « Il sera grand, dit-il, et sera appelé le Fils du Très-Haut (*Luc*, I, 32). » Certainement, celui qui aura l'honneur « d'être appelé le Fils du Très-Haut, » ne peut manquer d'être « grand lui-même. » En effet, n'est-il pas grand celui « dont la grandeur n'a point de bornes (*Psalm.*, CXLXV, 3) ? » D'ailleurs, « qui est grand comme notre Dieu. » Effectivement il est grand, car il ne l'est pas moins que le Très-Haut, étant lui-même aussi le Très-Haut, attendu que le Fils de Dieu ne saurait croire que ce fût pour lui une usurpation d'être égal à Dieu (*Philipp.*, II, 6). Celui qui doit être regardé comme un usurpateur, c'est celui qui tiré du néant pour être fait ange, osa se comparer à son Créateur, et revendiquer pour soi ce qui est le propre du Fils du Très-Haut, qui ne fut

point créé par son Père, mais engendré en la forme de Dieu. Car si le Trés-Haut, Dieu le Père, tout-puissant qu'il soit, ne put faire une créature égale à lui, il n'a pas pu non plus engendrer un Fils qui lui fût inférieur. Il a fait l'ange grand, mais non point aussi grand que lui, à plus forte raison, ne l'a-t-il point fait Très-Haut. Il n'y a que le Fils unique qui ait été sinon fait, du moins engendré Tout-Puissant par le Tout-puissant, Très-Haut par le Très-Haut, Éternel par l'Éternel, et qui puisse, sans usurpation et sans injure pour Dieu, se comparer en tout à lui. C'est donc avec raison qu'il est dit que celui qui est le Fils du Très-Haut sera grand lui-même.

13. Mais pourquoi est-il dit : « Il sera, » au lieu de dire il est grand, puisqu'il est toujours également grand, qu'il ne peut le devenir davantage, et qu'il ne saurait être plus grand après sa conception, qu'il ne l'était ou l'avait été auparavant. L'Ange ne se serait-il point servi de ce mot, « il sera, » pour indiquer que celui qui déjà était grand en tant que Dieu, serait grand aussi en tant qu'homme ? Oui, « il sera effectivement grand ; » grand comme homme, grand comme docteur, grand comme prophète, car voici en quels termes il est parlé de lui dans l'Évangile, « un grand prophète a paru parmi nous (*Luc*, VII, 16). » Or ce grand prophète a été prédit ainsi par un moindre prophète que lui. « Voici venir un grand prophète qui renouvellera Jérusalem. » Et vous, ô Vierge, si celui que vous allez enfanter, nourrir et allaiter, n'est qu'un tout petit enfant, en voyant ce petit enfant, songez qu'il sera grand. Oui, il sera grand, car Dieu même l'élèvera tellement en gloire en présence des

puissants du monde, que peuples et rois l'adoreront et le serviront. Que votre âme exalte donc le Seigneur, ô Marie, car « il sera grand et sera appelé le Fils du Très-Haut. Il sera grand et le Tout-puissant, lui dont le nom est saint, et il fera de grandes choses en vous. Quel nom en effet est plus saint que celui qui « sera le nom du fils du Très-Haut ? » Et nous aussi qui sommes petits, disons les louanges du Seigneur qui est grand, mais qui s'est fait petit lui-même afin de nous faire grands aussi. « Un petit enfant est né pour nous, dit le Prophète, et un fils nous a été donné (*Isa.*, IX, 6). » Oui, il est né pour nous, non point pour lui, cet enfant qui a reçu de son Père avant les temps une naissance bien plus glorieuse, n'avait pas besoin de naître encore d'une simple mère dans le temps. Il n'est pas né non plus pour les anges, car ils l'avaient dans sa grandeur et n'avaient pas besoin de l'avoir petit enfant. C'est donc bien pour nous qu'il est né et à nous qu'il a été donné, parce qu'il n'y a que nous qui eussions besoin de lui.

14. Il ne nous reste plus maintenant qu'à faire avec celui qui nous est né et qui nous a été donné, ce pour quoi il nous est né et nous a été donné : Servons-nous de lui puisqu'il est à nous, pour notre propre bien et, avec le Sauveur, opérons notre salut. Il est là au milieu de nous, ce petit enfant. Ô petit enfant que les petits appellent de tous leurs vœux ! Ô enfant effectivement petit en malice sinon en sagesse ! Travaillons à devenir tels que ce petit enfant-là ; apprenons de lui qu'il est doux et humble de cœur, afin que notre grand Dieu ne se soit pas fait petit pour rien, ne soit pas mort pour rien, n'ait pas

été crucifié pour rien. Apprenons son humilité, imitons sa mansuétude, embrassons son amour, partageons sa passion et lavons-nous dans son sang. Offrons-le comme une victime de propitiation pour nos péchés, car ce n'est pas pour autre chose qu'il nous est né et qu'il nous a été donné. Oui, exposons-le aux yeux de son père et à ses propres yeux à lui-même, car le Père n'a point épargné son propre Fils, il l'a même livré pour nous (*Rom.*, VIII, 32) ; le Fils lui-même s'est anéanti en prenant la forme de l'esclave (*Philipp.*, II, 7), il a livré son âme à la mort, a été mis au nombre des scélérats, s'est chargé de nos péchés à tous et a prié pour les pécheurs afin qu'ils ne périssent point (*Isa.*, LIII, 12). Ceux pour qui le Fils a prié afin qu'ils ne périssent point ne sauraient périr, de même que ceux pour qui le Père a livré son propre Fils à la mort, ne peuvent que vivre. Il y a donc lieu d'espérer également de l'un et de l'autre notre pardon puisqu'ils ont l'un et l'autre fait preuve d'une égale miséricorde dans leur bonté, qu'ils ont une volonté d'une égale puissance et qu'ils n'ont l'un et l'autre qu'une seule et même substance, la substance divine dans laquelle Dieu le Saint-Esprit vit et règne avec eux dans tous les siècles des siècles. Ainsi soit-il.

Quatrième Homélie.

Sur les gloires de la Vierge Mère.

On ne peut douter que ce que nous disons à la gloire de la mère nous ne le disions aussi à la gloire du Fils, de même que lorsque nous honorons le Fils, nous honorons également la mère. Car si, d'après Salomon : « Un fils sage est la gloire de son Père (*Prov.*, X, 1), » quelle ne doit pas être la gloire de celle qui est la mère de la Sagesse même ? Mais que tenté-je de louer celle que les prophètes déclarent, que l'Ange nous montre et que l'Évangéliste proclame digne de louanges ? Je n'entreprends donc point de la louer parce que je n'ose le faire, je me contente de reprendre avec dévotion ce que le Saint-Esprit a dit par la bouche de l'Évangéliste. En effet il continue son récit en ces termes « Et le Seigneur lui donnera le trône de David son Père (*Luc.*, I, 32). » Ce sont les propres paroles de l'Ange à la Vierge, en parlant du Fils qu'il lui a promis ; il lui donne l'assurance que ce Fils occupera le trône de

David. Que le Seigneur Jésus soit de la famille de David, cela ne fait un doute pour personne. Mais je me demande comment Dieu lui a donné le trône de David son père, quand je vois non-seulement qu'il n'a jamais régné à Jérusalem, mais que même lorsque la foule projetait de le faire roi, il n'a point cédé à ses désirs et que devant Pilate, il a déclaré hautement que son « royaume n'est point de ce monde (*Joan.*, XVIII, 36). » Après tout qu'y a-t-il de grand dans la promesse qu'il s'assoira sur le trône de David son père, faite à celui qui est assis sur les Séraphins mêmes et que le Prophète a vu sur un trône élevé et sublime (*Isa.*, VI, 1) ? Mais nous savons qu'il est question ici d'une autre Jérusalem plus noble et plus riche que celle qui subsiste encore maintenant et dans laquelle David a régné autrefois. C'est donc de celle-là que je crois qu'il est question ici, par une figure de langage habituelle aux écrivains sacrés, qui prennent souvent le signe pour la chose signifiée, Il fut donc placé de Dieu sur le trône de David son père quand il fut établi roi par lui sur la montagne sainte de Sion. D'ailleurs le Prophète semble avoir voulu indiquer d'une manière toute particulière de quel royaume il voulait parler quand il dit qu'il régnerait non pas à Sion mais sur Sion. Car il peut se faire qu'il se soit servi du mot « sur » parce que David régna à Sion, tandis que c'est sur Sion qu'est établi le règne de celui dont il a été parlé en ces termes à David : « J'établirai sur votre trône le fruit de votre ventre (*Psalm.* CXXXI, 11), » et dont il a été dit aussi par un autre prophète : « Il sera assis sur le trône de David et régnera sur son empire (*Isa.*, IX, 7). » Vous retrouvez le mot sur dans tous ces passages, « sur Sion, sur le trône, sur le siège, sur l'empire. » Dieu lui donnera donc le trône de son père David, non pas celui qui n'était qu'une figure mais son trône véritable ; non pas son trône temporel et terrestre mais son trône éternel et céleste. Or ce trône est appelé le trône de David, parce que celui sur lequel David s'est assis en était la figure.

2. « Et il régnera éternellement sur la maison de Jacob et son règne n'aura point de fin (*Luc.* I, 32 et 33). » Ici encore si nous prenons à la lettre ce qui concerne la maison de Jacob, comment pourra-t-il régner éternellement sur elle, puisqu'elle ne doit point subsister éternellement ? Il faut donc rechercher une autre maison de Jacob qui soit éternelle pour que Celui dont le règne n'aura point de fin puisse régner éternellement sur elle. Après tout est-ce que cette indigne maison de Jacob n'a point eu l'impiété de le renier et la folie de le repousser en présence de Pilate, quand ce gouverneur lui disait : « Crucifierai-je votre roi (*Joan.*, XIX, 15) ? » elle s'écria tout d'une voix : « Nous n'avons point d'autre roi que César ? » Adressez-vous à l'Apôtre, et il vous fera discerner celui qui est juif en secret, de celui qui l'est en public, la circoncision qui est dans l'esprit, de celle qui n'existe que dans la chair, ceux qui sont fils d'Abraham selon la foi, de ceux qui ne le sont que selon, le sang (*Rom.*, II, 28). « Car tous ceux qui descendent d'Israël ne sont point des Israélites pour cela ; non plus que tous ceux qui sont de la race d'Abraham, ne sont ses vrais enfants (*Rom.*, IX, 6). » Poursuivez et dites de même : tous ceux qui sont du

sang de Jacob ne sont pas pour cela de sa maison. Par Jacob, il faut entendre la même chose que par Israël ; il n'y a donc que ceux qui seront trouvés parfaits dans la foi de Jacob qui seront censés de sa maison, ou plutôt il n'y a qu'eux qui soient véritablement la maison spirituelle et éternelle de Jacob sur laquelle le Seigneur Jésus doit régner éternellement. Or quel est celui d'entre nous qui, selon le sens du mot Jacob, supplante le diable dans son cœur, lutte contre ses vices et ses passions afin que le péché ne règne point dans son corps mortel, et que Jésus au contraire y règne maintenant par sa grâce, et dans l'éternité, par sa gloire ? Heureux ceux en qui Jésus régnera éternellement, parce qu'ils régneront en même temps avec lui ; or son règne n'aura point de fin. Ô quel royaume glorieux que celui où les rois se sont assemblés et réunis pour louer et glorifier Celui qui est le Roi des rois mêmes et le Seigneur des seigneurs ; et que les justes ne pourront contempler dans tout l'éclat de sa splendeur sans briller eux-mêmes comme le soleil dans le royaume de leur Père (*Matth.*, XIII, 43). Oh ! si Jésus veut bien se souvenir de moi, pauvre pécheur, quand il sera arrivé dans son royaume ! Oh ! si le jour où il doit remettre son empire à son Dieu et son père, il me fait la grâce de me visiter par son assistance salutaire, afin que je me voie comblé des biens qu'il réserve à ses élus, que je goûte la joie qu'il destine à son peuple et qu'il soit loué de moi avec ceux qu'il a choisis pour son héritage (*Psalm.* CV, 4 et 5) ! Mais Seigneur Jésus, venez en attendant ce jour, arrachez les scandales de votre royaume, qui est mon âme, afin que vous régniez en elle comme vous le devez. En effet, l'avarice vient à moi et réclame un trône dans mon cœur ; la jactance veut y dominer aussi ; l'orgueil aspire à être mon roi, et la luxure me dit : C'est moi qui régnerai en toi ; l'ambition, la médisance, l'envie, la colère se disputent en moi l'empire de mon âme, c'est à qui se rendra maître de moi. Pour moi je résiste tant que je puis, je les repousse de toutes mes forces. J'en appelle à Jésus, mon seigneur, c'est entre ses mains que je remets ma défense, car je reconnais que je lui appartiens. Je le tiens pour mon Dieu et pour mon seigneur, et je déclare que je n'ai pas d'autre roi que le Seigneur Jésus. Venez donc, Seigneur, dispersez-les dans votre force, et vous régnerez en moi, car vous êtes mon roi, mon Dieu, le Dieu qui a sauvé bien des fois Jacob par votre seul commandement.

3. Alors Marie dit à l'Ange : « Comment cela se fera-t-il ? car je ne connais point d'homme (*Luc.*, I, 34.) » D'abord la Vierge prudente se tait tout le temps qu'elle doute et qu'elle se demande ce que signifiait ce salut, préférant garder un humble silence que de répondre précipitamment avant de savoir ce qu'elle devait dire. Mais une fois rassurée et qu'elle eut bien réfléchi (car en même temps que l'Ange lui parlait au dehors, Dieu même la persuadait au dedans, le Seigneur, en effet, était avec elle selon cette parole de l'Ange, « le Seigneur est avec vous, ») se sentant raffermie la crainte fit place à la foi, et la joie fit taire toute appréhension, elle dit à l'Ange : « Comment cela se fera-t-il, car je ne connais point d'homme ? » Elle ne doute point que ce ne soit pos-

sible, mais elle s'enquiert de la manière dont les choses se feront et en quel ordre elles doivent se passer. En effet, elle se demande si pareille chose est possible, mais seulement comment elle se fera. C'est comme si elle avait dit : Comme mon Seigneur qui lit dans ma conscience, connaît le vœu que sa servante a fait de ne jamais connaître d'homme, par quel moyen, de quelle manière lui plaira-t-il que la chose se passe ? S'il faut que je renonce à mon vœu pour devenir la mère d'un tel fils, je suis heureuse du fils qui m'est promis, mais je suis inquiète pour mon vœu : pourtant que sa volonté soit faite. Mais si je dois sans cesser d'être vierge concevoir un fils et le mettre au monde, ce qui n'est pas impossible pour lui s'il veut qu'il en soit ainsi, alors je verrai qu'en vérité il a daigné regarder d'un œil favorable son humble servante. « Comment donc cela se fera-t-il ? car je connais point d'homme. » L'Ange lui répondit : « Le Saint-Esprit surviendra en vous et la vertu du Très-Haut vous couvrira de son ombre (*Luc.*, I, 34 et 35). » L'Ange a dit plus haut à Marie qu'elle est pleine de grâce, comment se fait-il donc qu'il lui dise maintenant : « Le Saint-Esprit surviendra en vous, et la vertu du Très-Haut vous couvrira de son ombre ? » Est-ce qu'elle pouvait être pleine de grâce et n'avoir point encore le Saint-Esprit qui est le dispensateur même des grâces ? Si, au contraire, le Saint-Esprit était déjà en elle, comment donc l'Ange peut-il lui promettre qu'il surviendra de nouveau en elle ? Peut-être bien au lieu de dire simplement, « il viendra en vous, » dit-il « il surviendra, il viendra sur vous » parce que comme il était déjà en elle par la plénitude des grâces, il lui annonce qu'il viendra sur elle pour signifier la surabondante plénitude de grâces qu'il doit répandre sur elle. Mais si elle est déjà pleine de grâce, comment pourra-t-elle en recevoir d'avantage ? Si, au contraire, elle peut recevoir encore quelques grâces de plus qu'elle n'en a, en quel sens faut-il entendre qu'elle était pleine de grâce ? Serait-ce que la première grâce ne remplissant que son âme, la seconde doit remplir son sein, puisque la plénitude de la divinité qui se trouvait auparavant en elle comme dans beaucoup de saints où elle habite spirituellement, va commencer à habiter en elle corporellement comme elle ne se trouve dans aucun autre saint ?

4. Il dit donc : « Le Saint-Esprit surviendra en vous et la vertu du Très-Haut vous couvrira de son ombre. » Qu'est ce à dire, « et la vertu du Très-Haut vous couvrira de son ombre ? » Que celui qui peut comprendre cela le comprenne. En effet, à l'exception peut-être de celle qui eut seule l'immense bonheur d'éprouver par elle-même ce que cela signifie, qui peut comprendre par son intelligence et discerner par sa raison de quelle manière cette splendeur inaccessible s'est glissée dans les chastes entrailles de la Vierge, et comment cette dernière a pu supporter l'approche de nouvelles splendeurs en même temps que d'une portion de son corps auquel l'Esprit-Saint s'est uni pour la vivifier, il en put couvrir encore le reste, de son ombre ? Après tout peut-être l'Ange s'est-il servi de ces mots : « Il vous couvrira de son ombre, » parce qu'il s'agissait là d'un mystère que la sainte Trinité voulut opérer seule

avec et dans Marie seule, et qu'il ne fut donné de le connaître qu'à elle à qui il fut donné de le sentir. Disons donc que par ces mots : « L'Esprit-Saint surviendra en vous, » l'Ange a voulu vous dire, ô Vierge, que c'est par sa puissance que le Saint-Esprit doit vous rendre féconde ; et par ces autres paroles : « La vertu du Très-Haut vous recouvrira de son ombre, il a eu l'intention de vous dire que la manière dont vous deviez concevoir par l'opération du Saint-Esprit, serait si bien voilée et si bien cachée dans l'ombre impénétrable de ses secrets desseins, par la vertu de Dieu et la sagesse de Dieu qui n'est autre que le Christ, que ce mystère serait connu seulement de lui et de vous. C'est comme si l'Ange avait répondu à Marie : pourquoi me questionner sur une chose que vous allez bientôt ressentir en vous-même ? Oui vous allez le savoir, vous allez avoir le bonheur de l'apprendre, comment cela se peut faire, de celui même qui doit le faire et vous en instruire en même temps ; quant à moi, je n'ai mission que de vous annoncer votre conception virginale, non pas de la créer. Vous ne pouvez être instruite sur ce point que par celui qui doit l'opérer, et nul que celle en qui il l'opérera ne peut l'apprendre. « C'est pourquoi le Saint qui naîtra de vous sera appelé le Fils de Dieu (*Luc.*, I, 35). » Ce qui revient à dire : comme vous ne devez point concevoir par l'opération de l'homme, mais par celle du Saint-Esprit, vous concevrez la vertu même du Très-Haut, c'est-à-dire le propre Fils de Dieu : « Car le Saint qui naîtra de vous, dit-il, sera appelé de Fils de Dieu. » C'est-à-dire, ce n'est pas seulement Celui qui du sein de son Père descendra dans le vôtre et vous couvrira de son ombre, mais encore ce qu'il empruntera à votre propre substance pour se l'unir à soi, qui sera appelé le Fils de Dieu, lors que cette union sera consommée ; et de même que celui qui est engendré du Père avant tous les siècles est appelé son Fils, ainsi sera-t-il appelé le vôtre. De la sorte ce qui est né du Père est votre Fils, ce qui naîtra de vous sera son Fils, non pas qu'il y ait deux fils pour cela, il n'y en aura toujours qu'un seul, et quoiqu'il y en ait un qui naîtra de vous et un qui soit né de lui, vous n'aurez point chacun le vôtre, mais il sera votre Fils à tous les deux.

5. « Et c'est pourquoi le Saint qui naîtra de vous, sera appelé le Fils de Dieu. » Remarquez, je vous prie, avec quel respect l'Ange s'exprime : « Le Saint qui naîtra de vous. » Pourquoi donc, dit-il simplement « le Saint, » sans ajouter d'autre mot à cette appellation ? Je crois que c'est parce qu'il manquait d'un nom propre pour désigner le fruit insigne, magnifique et respectable qui devait se former de l'union de l'âme et du corps, tiré du corps très-pur de la Vierge, avec le Fils unique du Père. S'il disait la chair sainte, l'homme saint, le saint enfant ou autre chose semblable, il lui semblerait qu'il n'a point assez dit ; voilà pourquoi, sans doute, il se sert de l'expression indéfinie : « Le Saint. » Il est certain en effet, que, quel que soit le fruit qui naîtra de la Vierge il ne peut être que saint et saint par excellence, tant à cause du Saint-Esprit qui l'aura sanctifié qu'à cause du Verbe de Dieu qui se le sera uni.

6. Puis l'Ange ajouta : « Voilà que votre cousine Élisabeth a elle-même conçu un fils en sa vieillesse

(*Luc*, I, 26). » Or, quelle nécessité y avait-il d'annoncer en même temps à Marie, que cette femme stérile avait aussi conçu un fils ? Était-ce pour achever de convaincre par la nouvelle de ce miracle tout récent, la Vierge qu'il voyait hésiter à croire à sa parole et conserver encore quelque doute dans l'âme ? Gardons-nous bien de le croire, car nous lisons que pour un doute pareil, Zacharie fut puni par l'Ange. Or, nous ne voyons pas que Marie ait été blâmée en quoi que ce soit, bien loin de là, nous entendons même Élisabeth la louer, en esprit prophétique, de ce qu'elle a cru : « Heureuse êtes-vous lui dit-elle en effet, vous qui avez cru, car ce qui vous a été annoncé de la part de Dieu s'accomplira en vous (*Luc*, I, 45). » Si donc l'Ange apprend à Marie que sa cousine, qui était stérile, a conçu un fils, c'est afin de mettre le comble à son bonheur, lui en apprenant un second miracle après le premier qu'il lui a annoncé. Or, il fallait que celle qui était sur le point de concevoir dans la joie du Saint Esprit, le Fils de l'amour du Père, commençât par être embrasée par les doubles ardeurs de la joie et de l'amour, car il n'y avait qu'un cœur aussi parfaitement dévot que gai, qui pouvait recevoir une telle abondance de douceur et de bonheur. Ou bien la conception d'Élizabeth est peut-être annoncée à Marie parce qu'il était convenable qu'une nouvelle qui allait bientôt être connue de tout le monde, lui fût annoncée par un ange, avant qu'elle l'apprît de la bouche des hommes, de peur que la mère de Dieu ne parût étrangère à ses conseils, si elle demeurait dans l'ignorance des choses qui se passaient si près d'elle sur la terre. Il se peut aussi que la conception d'Élisabeth ait été annoncée à Marie afin qu'étant instruite de la venue du Sauveur et de celle de son précurseur, et connaissant l'ordre et la date de chacune, elle fût mieux en état plus tard de faire connaître la vérité sur ce point, aux écrivains sacrés et aux prédicateurs de l'Évangile, puisqu'elle se serait trouvée ainsi dès le commencement, pleinement au courant de tous ces mystères par une révélation d'en haut. Enfin, il est possible que la conception d'Élisabeth ait été annoncée à Marie afin que, en apprenant que cette parente qui était déjà avancée en âge se trouvait grosse, elle qui était jeune songeât à lui aller rendre ses devoirs, et que, par son empressement à visiter Élisabeth, elle fournit au petit prophète qu'elle portait dans son sein, l'occasion de rendre ses précoces hommages à son Seigneur, encore plus jeune que lui, et que pendant que les deux mères se rencontreraient, les deux enfants ressentissent la présence l'un de l'autre, et qu'un premier miracle en amenât un second plus merveilleux encore.

7. Mais, n'allez point croire que les grandes choses annoncées par l'Ange seront accomplies par lui. Par qui le seront-elles donc, me demandez-vous ? Écoutez l'Ange, il vous l'apprendra. « Parce qu'il n'y a pas un mot d'impossible à Dieu, dit-il, » C'est comme s'il avait dit : Toutes ces choses dont je suis le messager fidèle, ne se feront point par moi, mais par la vertu de Celui qui m'a envoyé ; « attendu qu'il n'y a pas une parole impossible à Dieu. » En effet, que peut-il y avoir d'impossible à Celui qui a tout fait par son Verbe ? Mais je suis frappé de ce que

l'Ange au lieu de dire : « Il n'y a rien d'impossible à Dieu, » dit expressément : « Il n'y a pas un mot d'impossible à Dieu. » Est-ce qu'il se sert de cette façon de parler pour nous faire comprendre que si les hommes peuvent, sans la moindre peine, dire ce qu'ils veulent même quand ils sont hors d'état de le faire, ainsi et même bien plus facilement encore Dieu peut faire tout ce que les hommes ne peuvent qu'exprimer ? Je m'explique ; s'il était aussi facile aux hommes de faire que de dire ce qu'ils veulent, il serait vrai de dire aussi que, pour eux, il n'y a pas de parole impossible ; mais comme c'est un dicton aussi ancien que répandu, qu'il y a une grande différence entre dire et faire, du moins pour les hommes, sinon pour Dieu, il s'ensuit qu'il n'y a que pour Dieu qu'on puisse dire qu'il n'est pas de parole impossible, puisque pour lui il n'y a point de différence entre faire et dire, dire et vouloir.

Donnons un exemple. Les prophètes ont pu prévoir et prédire qu'une vierge stérile concevrait et enfanterait ; mais ont-ils pu faire qu'elle conçût et qu'elle enfantât en effet ? Mais Dieu, qui leur a donné le pouvoir de prévoir cette merveille, a pu faire par lui-même quand il l'a voulu, avec la même facilité qu'il a pu la leur faire prédire lorsque cela lui a plu ; attendu qu'en Dieu la parole ne diffère point de l'intention, parce qu'il est vérité, non plus que l'acte ne diffère de la parole, parce qu'il est la puissance, et que la manière ne diffère de l'acte parce qu'il est sagesse. Voilà comment il se fait qu'il n'y a point de parole impossible pour Dieu.

8. Ô vierge, vous avez entendu l'annonce de ce

qui va se faire et l'Ange vous a dit comment cela se doit faire ; des deux côtés il y a de quoi vous étonner et vous réjouir. Réjouissez-vous donc, fille de Sion, fille de Jérusalem, livrez-vous à toute votre allégresse. Mais puisque vous avez entendu une nouvelle qui vous comble de joie et bonheur, dites donc à votre tour les paroles que nous appelons de tous nos vœux, afin que nos os humiliés tressaillent d'allégresse. Oui, vous avez entendu la merveille annoncée et vous y avez cru, croyez aussi à la manière dont elle doit s'accomplir. On vous a dit que vous allez concevoir et que vous enfanterez un fils ; on vous a dit aussi que ce ne serait point par l'opération d'un homme mais par celle du Saint-Esprit ; l'Ange maintenant n'attend plus que votre réponse, il faut qu'Il retourne à Dieu. Ô Notre Dame, nous attendons aussi cette réponse de miséricorde, nous pauvres malheureux qui gémissons sous le coup d'une parole de damnation. Le prix de notre salut est entre vos mains, nous sommes sauvés si vous daignez consentir. Créatures du Verbe éternel de Dieu, nous périssons tous, une parole de votre bouche nous rend à la vie et nous sauve. Adam et sa triste postérité condamnés à l'exil, Abraham, David, les autres Pères, je veux dire vos propres aïeux, qui sont aussi plongés eux-mêmes, dans les ombres de la mort, vous supplient de consentir. Le monde entier à vos genoux, attend votre consentement. De vous, en effet, dépend la consolation des affligés, la rédemption des captifs, la délivrance des coupables, le salut des enfants d'Adam, de votre race toute entière. Dites, ô Vierge dites cette parole si désirée, si attendue par la terre et par les Cieux, par les enfers eux-mêmes. Le Roi des rois que vous avez charmé par votre beauté, n'attend aussi lui-même qu'un mot de réponse de vos lèvres pour sauver le monde. Celui à qui vous avez plû par votre silence sera bien plus touché d'un mot tombé de vos lèvres ; l'entendez-vous, en effet, vous crier du haut du Ciel : « Ô vous, ma belle entre toutes les femmes, faites-moi entendre votre voix (*Cant.*, II, 14). » Si vous la lui faites entendre, il y répondra en vous faisant voir notre salut. N'est-ce point ce que vous vouliez, ce que vous appeliez avec des gémissements et des larmes, ce qui vous faisait soupirer le jour et la nuit ? Eh quoi ? êtes-vous celle à qui la promesse en a été faite ou faut-il que nous attendions une autre ? Non, non, c'est bien à vous, et ce n'est point une autre qui doit venir. Oui, c'est vous qui êtes la femme promise, la femme attendue, la femme désirée, celle en qui un de vos ancêtres, le saint homme Jacob, à son lit de mort, mettait toutes ses espérances de salut quand il s'écriait : « Seigneur, j'attendrai votre Sauveur (*Gen.* XLIX, 18); » Oui, vous êtes la femme en qui et par qui Dieu même, notre Roi a résolu, avant tous les siècles, d'opérer notre salut sur la terre. Pourquoi attendriez-vous d'une autre femme ce qui vous est offert à vous-même ? Pourquoi, dis-je, attendriez-vous par une autre ce qui va se faire par vous, si vous y consentez, si vous dites un mot. Répondez donc bien vite à l'Ange et par l'Ange au Seigneur. Dites une parole et recevez son Verbe ; que votre parole qui ne subsiste qu'un instant se fasse entendre et vous concevrez la Parole de Dieu, son Verbe éternel. Qui vous retient ? Que craignez-vous ? Croyez, consentez et concevez. Que votre humilité se rassure, que votre timidité ait confiance. Il ne faut pas que la simplicité de la vierge oublie la prudence. En cette circonstance, ô Vierge prudente, vous ne devez pas craindre de trop présumer de vous, si votre réserve a plu par son silence, maintenant ii est nécessaire que votre charité parle. Ouvrez donc, ô Vierge bénie, votre cœur à la confiance, vos lèvres au consentement, et votre sein à son Créateur. Le Désiré des nations est là à votre porte, il frappe. S'il passe outre parce que vous le ferez attendre, vous gémirez de nouveau après Celui que votre cœur aime ! Levez-vous donc, courrez au devant de lui, hâtez-vous de lui ouvrir. Levez-vous dis-je, par la foi, courrez par la prière, ouvrez par le consentement.

9. « Voici, dit-elle, la servante du Seigneur, qu'il me soit fait selon votre parole (*Luc.*, I, 38). » Toujours on trouve la vertu d'humilité étroitement liée avec la grâce de Dieu ; car si Dieu résiste aux superbes il donne sa grâce aux humbles. Marie répond donc avec humilité afin de préparer les voies à la grâce. « Voici, dit-elle, la servante du Seigneur. » Qu'est-ce que cette sublime humilité qui ne sait point céder aux honneurs ni s'enorgueillir de l'élévation ? Elle est prise pour être la mère de Dieu et elle se déclare sa servante, ce n'est pas la marque d'une humilité ordinaire que de ne point s'oublier quand un pareil honneur lui est fait. Il n'est pas difficile d'être humble dans la bassesse de sa condition, mais l'être au comble des honneurs, c'est faire preuve d'une grande, d'une rare vertu. En effet s'il arrive

que pour mes péchés ou pour ceux des autres, Dieu permette que l'Église trompée par les apparences, élève un néant comme moi au moindre honneur, ne suis-je point porté à l'instant à oublier qui je suis pour me croire tel que les hommes qui ne voient point le cœur, se sont imaginé que j'étais. Je crois à l'opinion publique sans m'en rapporter au témoignage de ma conscience ; et, n'estimant point l'honneur aux vertus, mais la vertu aux honneurs, je me crois d'autant plus saint que j'occupe un poste plus élevé. On voit souvent dans l'Église des hommes qui, partis de bas, se trouvent élevés aux plus hauts rangs, et de pauvres sont devenus riches, s'enfler tout à coup d'orgueil, oublier leur basse extraction, rougir de leur famille et méconnaître leurs parents, parce qu'ils sont pauvres. On voit des hommes avides de richesses voler aux honneurs ecclésiastiques se croire de saints personnages dès qu'ils ont changé d'habits quoiqu'ils soient toujours dans les mêmes dispositions d'esprit, et se persuader qu'ils sont dignes du rang auquel leur ambition se trouve élevée, et qu'ils doivent, s'il m'est permis de le dire, beaucoup plus à leurs écus qu'à leurs vertus. Je ne parle point de ceux que l'ambition aveugle et pour qui l'honneur même est un aliment à leur orgueil.

10. Mais ô douleur de mon âme, j'en vois beaucoup, après avoir méprisé les pompes du siècle à l'école de l'humilité, devenir de plus en plus orgueilleux, et sous les ailes d'un Maître doux et humble de cœur, se montrer plus insolents dans le cloître et plus impatients qu'ils ne l'auraient été dans le monde. Et ce qui est pire encore, c'est qu'il

s'en trouve qui n'auraient pu s'attendre qu'aux dédains et aux mépris s'ils étaient restés dans leur maison, et qui maintenant ne peuvent supporter d'être dédaignés dans celle même de Dieu. Ils n'auraient pu obtenir aucun honneur dans le monde où chacun peut aspirer à les posséder, et ils veulent en être comblés là même où chacun fait profession de les mépriser. J'en vois d'autres, ce qu'on ne peut voir sans douleur, qui, après s'être enrôlés dans la milice du Christ, s'engagent de nouveau dans les affaires du monde, et se replongent dans les cupidités terrestres : ils relèvent des murs avec un zèle tout particulier et négligent leurs mœurs ; sous prétexte du bien général, ils vendent leurs paroles aux riches et leurs salutations aux dames ; en dépit de l'ordre formel de leur Souverain, ils désirent le bien d'autrui et ne reculent point devant les procès pour conserver leurs biens propres, et ne tiennent aucun compte de ce que l'Apôtre leur dit au nom de leur Roi : « Votre péché est précisément d'avoir des procès les uns contre les autres. Pourquoi ne souffrez-vous pas plutôt qu'on vous fasse tort (*I Cor.*, VI, 7) ? » Est-ce ainsi qu'ils sont crucifiés au monde et que le monde est crucifié pour eux ? Jadis ils étaient à peine connus dans le hameau ou la bourgade qui leur a donné le jour, et on les voit aujourd'hui parcourir les provinces, fréquenter les cours, cultiver la connaissance des rois et rechercher l'amitié des grands. Mais que dirai-je de l'habit religieux lui-même ? Ce n'est plus la chaleur mais la couleur qu'on recherche avant tout en eux, et on se met plus en peine de les soigner que d'acquérir des vertus. J'ai honte d'en convenir, mais les femmelettes avec leur amour pour la toilette sont dépassées par ces moines qui ne font cas d'un vêtement qu'à cause de sa valeur, non de son utilité. Laissant de côté toute pensée religieuse, ces soldats du Christ ne voient qu'une parure, non une armure dans l'habit qu'ils portent, au lieu de se préparer à la lutte et d'opposer aux puissances de l'air les insignes de la pauvreté, dont la vue remplit leurs ennemis de frayeur, aiment mieux leur offrir dans leur mise raffinée, les apparences de la paix, et s'exposer sans force et sans vigueur à leurs coups. Tous ces maux ne viennent que de ce que, renonçant à ces sentiments d'humilité qui nous ont fait quitter le monde, et nous trouvant ainsi ramenés aux goûts du siècle, nous devenons semblables aux chiens de l'écriture qui retournent à leur vomissement.

11. Qui que nous soyons qui nous trouvons dans ces dispositions, remarquons quelle fut la réponse de celle qui fut choisie pour être la mère de Dieu, mais qui était assez humble pour ne s'en point souvenir. « Voici, dit-elle, la servante du Seigneur, qu'il me soit fait selon votre parole. » Ce mot « qu'il me soit fait : » exprime dans sa bouche un désir, non un doute. De même que ceux-ci « qu'il me soit fait selon votre parole, » expriment bien plutôt les vœux de son cœur que les recherches d'un esprit incertain. Rien n'empêche il est vrai qu'on ne voie dans ces mots, « qu'il me soit fait, » l'expression d'une prière. En effet personne ne demande que ce qu'il croit exister et qu'il espère obtenir, et Dieu veut qu'on sollicite de lui dans la prière les choses mêmes qu'il a

promises. Peut-être même, ne nous promet-il une foule de choses qu'il a résolu de nous donner, que pour exciter notre piété par ses promesses, et nous engager à mériter par la prière et la piété, ce qu'il est disposé à nous accorder gratuitement. Voilà comment le Dieu bon qui veut que tous les hommes soient sauvés, nous force à mériter ses grâces, et comment, en même temps qu'il nous prévient en nous accordant ce qu'il doit récompenser en nous, il agit gratuitement pour ne nous point accorder ses bienfaits gratuitement. C'est ce que la Vierge prudente a compris quand, prévenue par la grâce d'une promesse gratuite, elle voulut du moins avoir le mérite de la prière, et dit : « Qu'il me soit fait selon votre parole. » C'est-à-dire qu'il me soit fait au sujet du Verbe, selon ce que vous m'avez dit. Que le Verbe, qui au commencement était en Dieu, se fasse chair de ma chair, selon votre parole ! Oui, je le demande à Dieu, que le Verbe soit fait, non ce verbe qu'on prononce, qui frappe l'air et qui passe, mais un Verbe conçu, fait chair et qui demeure. Qu'il me soit fait un verbe non-seulement sensible à l'ouïe, mais un Verbe que mes yeux puissent voir, mes mains toucher et mes bras porter. Que ce ne soit pas un verbe simplement écrit et mort, mais incarné et vivant, c'est-à-dire, que ce ne soit pas un verbe tracé par des signes muets sur des peaux mortes mais un Verbe à forme humaine et véritablement imprimé dans mes chastes entrailles, gravé non par la pointe d'un stylet privé de vie, mais par l'opération même du Saint-Esprit. Enfin qu'il me soit fait comme il n'a jamais été fait à personne avant moi, et comme il ne le sera point non plus après moi. Autrefois Dieu a parlé aux patriarches et aux prophètes de bien des manières, car on dit que la parole de Dieu s'est produite dans l'oreille de ceux-ci, dans la bouche de ceux-là et dans les mains de ces troisièmes, pour moi je demande à Dieu qu'il se produise dans mon sein selon votre parole. Je ne veux point qu'il se produise comme le verbe dans le discours, le signe dans les figures, ou la vision dans les songes, mais qu'il vienne en moi en silence, qu'il s'y incarne en personne, qu'il se trouve corporellement dans mes entrailles. Que le Verbe donc qui ne pouvait et n'avait pas besoin d'être fait en lui-même, me fasse la grâce de se faire en moi et pour moi selon votre parole. Qu'il soit fait en général pour tout le monde, mais qu'il me soit fait à moi en particulier selon votre parole.

Saint Bernard s'excuse d'avoir entrepris après tant d'autres, de commenter ce passage de l'Évangile.

J'ai expliqué du mieux que j'ai pu le passage de l'Évangile qui a été lu : je n'ignore pas que la manière dont je l'ai fait ne plaira point à tout le inonde, je suis même certain que je m'attirerai par là les critiques de bien des gens dont les uns trouveront que ce que j'ai fait était bien inutile, tandis que d'autres jugeront que c'était bien présomptueux à moi, d'oser venir expliquer à mon tour un passage de l'Évangile que les saints Pères ont si amplement exposé avant moi. Mais pour moi, je pense que si ce que j'ai dit après les Pères de l'Église n'est pas contraire à ce qu'ils ont dit eux-mêmes, personne n'a le droit de le trouver mauvais. Or, si je n'ai dit que ce que j'ai appris des Pères, pourvu que l'enflure de l'orgueil n'ait pas en moi étouffé le fruit de la piété, je me consolerai facilement des critiques qu'on pourra diriger contre moi. Pourtant, je veux que ceux qui me reprocheront d'avoir fait une exposition superflue, inutile même de ce passage de l'Évangile, sachent bien que je n'ai eu d'autre pensée que de prendre occasion de ces lignes pour parler de choses qu'on est toujours heureux de répéter. Si je suis répréhensible, en ce que j'ai cédé dans cette circonstance, plutôt aux tendances de ma dévotion qu'à la pensée du bien que les autres pouvaient en recueillir, la bonne Vierge est assez puissante pour excuser cette faute auprès de son miséricordieux Fils, car c'est à elle que je consacre cet opuscule, si peu qu'il vaille, avec la plus grande dévotion.

Copyright © 2022 par Alicia Éditions
Couverture et mise en page : Canva.com, Alicia Éd.
Tous droits réservés

Dans la même collection

Lightning Source UK Ltd.
Milton Keynes UK
UKHW010804051222
413416UK00018B/1043